Straßburg

Susanne Tschirner

Diese Symbole im Buch verweisen auf den großen Cityplan!

Bienvenue – Willkommen

15 x Straßburg direkt erleben

Zu Gast in Straßburg

Bienvenue – Willkommen
Mein heimliches Wahrzeichen

Mein allererster Gang bei meinem allerersten Straßburg-Besuch führte, wie könnte es anders sein, zum Münster. Der zweite, auch, um den Massen auf dem Kathedralplatz zu entgehen, an die Peripherie der Innenstadt, auf die Aussichtsterrasse des Barrage Vauban. Manchmal braucht man eben ein bisschen Abstand, um den Charme dieser Stadt richtig würdigen zu können. Auch heute ist für mich der Blick, der sich von hier übers Wasser auf die Ponts Couverts ergibt, einer der schönsten Europas. Und wer hätte sich jemals daran gestört, dass die ›Gedeckten Brücken‹ schon lange keine Dächer mehr haben? Am besten kommt man gegen Abend, wenn die Lichter der Stadt einen nahezu feierlichen Anstrich verleihen.

Erste Orientierung

Ankunft

Wer als Kurzbesucher mit dem Auto nach Straßburg kommt, hat es recht einfach. Der für Besucher interessante Teil, die Innenstadt *(Centre Ville)*, ist von der Autobahn aus gut ausgeschildert. Da größere Teile des Zentrums Fußgängerzone und andere zumindest für den Durchgangsverkehr gesperrt sind, empfiehlt es sich, den Wagen in einem der Parkhäuser in Nähe der Ringboulevards abzustellen, die die Innenstadt umgeben. Ganz nah an der Kathedrale liegt z. B. das rund um die Uhr geöffnete »Parking Austerlitz«. Danach fährt man Tram oder geht zu Fuß. Vom Flughafen aus fahren spezielle Busse bis zum nur wenig außerhalb des Innenstadtbereichs gelegenen Bahnhof. Weiter ins Zentrum fährt wiederum die Tram.

Centre Ville ▶ C/D 5/6 und Karte 2

Die annähernd eiförmige, von der Ill und dem Fossé du Faux Rempart umflossene Innenstadt ist von ihren Ausmaßen her – gut 1,5 km in Ost-West- und ca. 1 km in Nord-Süd-Ausdehnung – bequem zu Fuß zu durchstreifen, und dies ist auch die beste Möglichkeit, die von der UNESCO zum Weltkulturerbe erklärte **Altstadt um die Kathedrale** herum zu erkunden. Hier, um Place de la Cathédrale und Rue Mercière, Place du Marché aux Cochons de Lait und Place du Marché aux Poissons, tobt das touristische Leben, denn hier stehen viele der typischen hohen, historischen Fachwerkhäuser mit ihren steilen roten Ziegeldächern. Winstubs und Andenkenläden vervollständigen das Angebot für Touristen.

Unmittelbar nördlich der Kathedrale liegt in historischen Gassen wie Rue des Hallebardes, Rue des Juifs, Rue des Orfèvres und Rue du Dôme das **Einkaufsviertel**, ebenfalls Fußgängerzone. Unmittelbar südlich der Kathedrale liegen gleich mehrere der wichtigsten Museen: die drei **Museen** des Palais Rohan, das Musée de l'Œuvre Notre-Dame, das Musée Historique und ein paar Schritte über die Ill das Musée Alsacien.

Bunte Fachwerkhäuser und viel Wasser machen den Charme der Petite France aus

Petite France ▶ C 6 und Karte 2

Im Westen der Innenstadt stellt die von Kanälen, Brücken und einigen der schönsten und ältesten Fachwerkhäusern geprägte Petite France einen weiteren Touristenmagneten dar. Von hier gelangt man in wenigen Schritten zum Musée d'Art Moderne et Contemporain, einem der bedeutendsten Museen der Stadt.

Finkwiller/Krutenau
▶ C–E 6/7

Am südlichen Ufer der Ill, hinter den pittoresken Ill-Kais, liegt dieses ehemalige Kleine-Leute- und Militärviertel. Preiswerte Restaurants und Studentenlokale, Tante-Emma-Läden und türkische Obst- und Gemüsehändler sorgen neben teuer sanierten Appartements und ganz gewöhnlichen Mietskasernen für einen sehr gemischten Charakter – sodass die Bezeichnung als Studenten-, Amüsier- und Künstlerviertel damit also einfach zu kurz greift. Ein richtiges Zentrum sucht man hier vergebens, sondern alles liegt ziemlich zerstreut. Im Süden von Finkwiller/Krutenau erstreckt sich der weitläufige Krankenhauskomplex, im Norden geht es nahtlos ins Universitätsviertel über.

Wilhelminische Neustadt ▶ D/E 4/5

Nach der Eroberung der Stadt 1870 legten die neuen preußischen Herren nördlich der Innenstadt eine klar gegliederte Neustadt mit breiten Prachtstraßen, großzügigen Plätzen und repräsentativen Bauten in allen Spielarten des damals aktuellen historistischen Baustils an – heute sind die teils dem Mittelalter nachempfundenen, teils protzig klassizistischen Häuserblocks eine begehrte, nicht gerade günstige Wohnadresse. Von den ehemals staatstragenden Regierungs- und Verwaltungsbauten rund um die **Place de la République** flaniert man etwa eine Viertelstunde zu den Tempeln des Geistes im **Universitätsviertel** (▶ E/F 5/6) um den Boulevard de la Victoire.

Europaviertel ▶ F/G 3

An das wilhelminische Viertel schließt sich im Norden das moderne, weitläufige Europaviertel an, von Ill, Aar und dem Canal de la Marne au Rhin durchflossen und mit großen Grünflächen aufgelockert. Ein gut halbstündiger Spaziergang entlang der Ill bringt uns von der Innenstadt zu den Sitzen von Europarat und Europaparlament und schließlich zum erholsamen Parc de l'Orangerie. Noch ein bisschen weiter im Nordwesten finden sich Kongresszentrum, Ausstellungsgelände Wacken und Ill-Stadion.

Hafenviertel ▶ H–K 4–7

Um das Bassin d'Austerlitz entsteht zurzeit das **Archipel culturel**, ein schickes postmodernes Viertel rund um die Mediathek André Malraux, die Cité de la Danse et de la Musique, das Einkaufszentrum Rivetoile und das Wissenschaftszentrum Le Vaisseau, das sich gezielt an Kinder richtet. Wird Wohnen am Hafen bald auch in Straßburg so schick wie in London, Hamburg oder Dublin?

Keine 500 m östlich des Parc de l'Orangerie liegen die ersten Becken des **Port Autonome de Strasbourg**, nach Duisburg der zweitgrößte Rheinhafen. Auf dem von renovierten Villen des 19. Jh. gesäumten Kai, Rue du Général Picquart und Rue du Général Conrad, hat man einen guten Blick auf die Hafenlandschaft.

Im Süden der langgestreckten Hafen-Rheininsel liegt der Parc du Rhin mit seinem innovativen grenzüberschreitenden **Jardin des Deux-Rives** (▶ J/K 8). Nach Osten geht es über die Europabrücke ins deutsche Kehl (Bus Nr. 2).

Schlaglichter und Impressionen

An der »Kreuzung Europas«

»Carrefour de l'Europe«, Ort der europäischen Begegnung oder, wörtlich übersetzt, »Kreuzung Europas«, nennt sich die Hauptstadt des Elsass. An dieser Kreuzung ging es in der Vergangenheit nicht immer friedlich zu. Straßburg und das Elsass waren lange Zeit Zankapfel der beiden konkurrierenden Rhein-Anlieger-Staaten Deutschland und Frankreich.

Heute, in einem Europa der Regionen, werden die doppelten kulturellen Wurzeln und die Zweisprachigkeit allmählich wieder als Vorteil verstanden. Zehntausende Pendler, grenzüberschreitende Festivals und Kulturarbeit, zweisprachige Kindergärten, das »Office du Bilinguisme« oder die im Jahr 2007 ins Leben gerufene Schüleraustauschinitiative »Gemeinsam mehr Chancen – *Avancer ensemble*« sind Indizien dafür, dass der Ausschließlichkeitsanspruch einer Kultur der Vergangenheit angehört. Jean Hans – derselbe Vorname in beiden Sprachen – nannte sich einer der großen Verfechter dieser bilingualen Kultur, der in Straßburg geborene Künstler Jean Hans Arp (1887–1966).

Mundart

Aber die Straßburger – und Elsässer – haben neben Deutsch und Französisch noch eine dritte, volkstümliche Sprache, die elsässische Mundart. Sie besitzt so klangvolle Wörter wie *Sumervogel* für Schmetterling und *Allerleischwatza* für den Fernseher. Dem Besucher wird sofort auffallen, dass die Straßenschilder sowohl in Französisch als auch in Mundart gehalten sind. So ist die Rue des Drapiers die Tüecherstubgass, die Rue des Moulins der Müehleplan und die Rue du Fossé des Tanneurs der Gerwergrave.

Auch wenn das Elsässische in den 1980er-Jahren mit Autoren und Liedermachern wie André Weckmann und Roger Siffer als Protest-Mundart in Künstler- und Intellektuellenkreisen schick wurde, ist nicht zu leugnen, dass sie sich wie viele europäische Regionalsprachen auf dem Rückzug befindet. Trotzdem: Wer aus den angrenzenden deutschen Regionen in Straßburg seinen Dialekt spricht, wird verstanden.

Kunst der Vergangenheit, Kunst der Gegenwart

Straßburg ist ein Ort großer historischer, von der UNESCO mit dem Adelsprädikat des Weltkulturerbes versehener Kunst. Und eine Stadt, in der die Gegenwartskunst sichtbar verortet ist. Kein Geringerer als Sarkis studierte in den 1970er-Jahren an der hiesigen Kunsthochschule. Seine ehemalige Künstlerbude in der Krutenau hat er zum Thema einer Installation gemacht; diese ist heute im Musée d'Art Moderne et Contemporain zu sehen. Überall trifft man auf Plastiken zeitgenössischer Künstler: in den Parks von Orangerie und Robertsau oder vor dem Centre Administratif an der Place de l'Etoile, wo Robert Stephans totemartige 16 Stühle an hohe Vogesenbäume oder die Säulen eines Tempels erinnern.

Kühne Architektur: die Innenrotunde im Europaparlament

Schlaglichter und Impressionen

Archäologie der Zukunft

Eine unscheinbar in den Boden eingelassene Platte zwischen dem Südportal der Kathedrale und dem Palais Rohan erinnert an die Aktion »Mutarotnegra«. Das ist Argentoratum, der römische Name Straßburgs, nur rückwärts gelesen – ein typisches Beispiel für die witzig-hintergründigen Inszenierungen des elsässischen Künstlers Raymond Waydelich. Erst im Jahre 3790 darf die am 2. September 1995 verfüllte Betongruft von ›Archäologen der Zukunft‹ geöffnet werden, die dann zahllose Alltagsobjekte wie eine Platte des Liedermachers Roger Siffer von der Choucrouterie, Präservative, Coladosen und die Europäische Menschenrechtskonvention ausgraben werden.

Europastadt

In Deutschland kennt man ihn kaum, doch »Monsieur l'Europe«, ein waschechter Straßburger, hat das Europagesicht seiner Stadt entscheidend geprägt. Die Rede ist von Pierre Pflimlin (1907–2000), einem glühenden Verfechter des europäischen Einheitsgedankens, Präsident des Europaparlaments und langjähriger Bürgermeister von Straßburg (1959–83). Seine Lobbyarbeit hat dazu beigetragen, dass Straßburg heute Sitz von Europarat, Europäischem Gerichtshof für Menschenrechte und zahlreichen kleineren europäischen Institutionen ist, und außerdem Zweitsitz des Europäischen Parlaments.

Reiserituale

Zwölfmal pro Jahr zieht der mehrtausendköpfige Tross des Europaparlaments samt Lastwagenladungen voller Akten von Brüssel nach Straßburg, um hier zu debattieren und zu entscheiden. Schon im Jahr 2000 wurde der Freitag als Sitzungstag abgeschafft – die MPs (Mitglieder des Parlaments) drängte es am Wochenende denn doch zu sehr nach Hause. Eine einflussreiche Anti-Straßburg-Front möchte am liebsten ganz in Brüssel bleiben. Da Straßburg aber im Amsterdamer Vertrag auf Betreiben Frankreichs als Parlamentssitz festgeschrieben wurde, wird sich, allen sporadisch aufflammenden Protesten zum Trotz, wohl auch in absehbarer Zukunft nichts an dem kostspieligen Hin und Her ändern.

Irritationen

Den Straßburgern sind die europäischen Institutionen wenn nicht lieb, so doch teuer. Das Gastgewerbe sähe ohne europäische Auslastung ziemlich arm aus. Ohne die beliebten dîner-débats wären die Straßburger Restaurants bei allem touristischen Andrang einer Haupteinnahmequelle im oberen Preissegment beraubt. Und im Fahrwasser der europäischen Institutionen hat sich Straßburg nach Paris zur zweiten Kongressstadt Frankreichs gemausert.

Auf der zwischenmenschlichen Ebene sieht es, wie Insider beobachtet haben, allerdings ganz anders aus: Zwischen EU-Angestellten und Straßburgern gibt es nicht allzu viele Kontakte. Das Interesse an den EU-Aktivitäten scheint letztere nicht sonderlich zu interessieren. Sie drängen sich, anders als Besucher aus ganz Europa, auch nicht zu den Sitzungen von Europarat und Europaparlament.

Und auch der einheimische Spitzname für das Parlament, ›Alcatraz‹, zeugt von einer eher distanzierten Wahrnehmung. Die Mitarbeiter der europäischen Institutionen schießen indes zurück. Die Fluganbindungen seien lausig, die Bildungsangebote für den Diplomatennachwuchs im englischsprachigen Bereich alles andere als zufriedenstellend.

Hauptstadt Europas?

Sowohl Straßburgs Bürgermeister als auch Frankreichs Präsidenten werden nicht müde, Straßburg als »Hauptstadt Europas« zu apostrophieren. Ganz so ernst kann es ihnen damit aber nicht sein. Denn 1987 hätten die Weichen für etwas wirklich Großes gestellt werden können.

Das Bonner Kanzleramt betrieb damals ein Geheimprojekt, Straßburg unter Einbeziehung der Rheininseln und Kehls zum alleinigen Sitz von Europarat und Europaparlament zu machen: zu einer deutschlandnahen europäischen Metropole. Daraus wurde jedoch nichts, da Paris, das um seine eigene zentrale Rolle fürchtete, sich querstellte.

Fußgängerparadies

Große Teile der Innenstadt, hier vor allem die touristisch bedeutendsten um die Kathedrale herum, sind Fußgängerzone. Mit dem Auto führe nur ein Wahnsinniger durchs Zentrum. Zu Fuß bleibt dagegen ausreichend Gelegenheit, die versteckten Schönheiten und Kuriositäten der Stadt zu entdecken: einen geschnitzten Eckbalken hier, alte Hauszeichen über den Türen dort, das Antiquariat hinter dem verschnörkelten Rokokoportal, die vielen modernen Kunstwerke, schicke Boutiquen und edle Feinkostläden.

Unterwegs mit dem Rad

Wem es zu Fuß zu langsam ist, der kann von den Segnungen der »Fahrradmetropole Frankreichs« profitieren, von den preiswerten Verleihstationen der »vélocation« und einem ausgedehnten Fahrradwegenetz. Unter den Bürgermeistern von Catherine Traut-

mann bis Roland Ries wurde und wird die Fahrradförderpolitik immer noch groß geschrieben.

Eine Fahrradstreife der Polizei radelt in blauem, sportivem Dress durch die Stadt, und selbst die EU-Parlamentarier treten immer häufiger in die Pedale. Ein eigens für sie konstruierter Fahrradbus mit Leihrädern wird ihnen in den Sitzungswochen vors Parlament gekarrt.

Tram

Die ultramoderne Tram, elektrisch und super schick, ist das Verkehrsmittel in der Innenstadt – Busse verkehren nur außerhalb des ›Innenstadt-Eis‹. Die Haltestellen sind hier und da sogar künstlerisch wertvoll, sie zeigen Säulen des Designers Jean Michel Wilmotte und sind geschmückt mit Wortkunst der Künstlergruppe Oulipo. Zaha Hadid erhielt für die Neugestaltung des Tram-Bahnhofs Hoenheim Nord 2003 den Mies-van-der-Rohe-Preis für Architektur.

Auf der Place Kléber muss man aufpassen. Die Niederflurbahnen kurven hier ohne Absperrungen durch die Straßen. Es passieren trotzdem nicht allzu viele Unfälle, da sie einen ziemlichen Krach und im Bedarfsfall sehr schrill auf sich aufmerksam machen.

Vorstadtrandale

Auf den ersten Blick ist Straßburg, vor allem die touristisch relevante Innenstadt, eine Idylle: bunt herausgeputzte Fachwerkfassaden, rustikale Gemütlichkeit im warmen Lampenlicht der Winstubs, adrette Folklore unter der Elsässerhaube, Knuddelstörche …

Aber auch in der Europastadt ist nicht alles Gold, was glänzt. Zur Rushhour stirbt die Stadt trotz aller Fahrradfreundlichkeit regelmäßig am Verkehrsinfarkt. Und in den »heißen

Vierteln« der Vorstädte Cronenbourg, Elsau oder Neuhof, in den berüchtigten Ghettos der *banlieue*, sind nächtliche Gewaltorgien, Jugendbanden und Drogenmissbrauch an der Tagesordnung. Als Tourist bekommt man davon gemeinhin nichts mit, außer alle Jahre wieder zur Silvesterzeit, wenn in den Medien brennende Autos, steinewerfende Jugendgangs und diszipliniert vorrückende Polizeitrupps zu sehen sind.

Überwachung

Ausgerechnet unter dem sozialistischen Bürgermeister Roland Ries wurde im Jahr 2000 die Videoüberwachung in öffentlichen Verkehrsmitteln, Plätzen und Schulen beschlossen. Mittlerweile wachen die elektronischen Augen so ziemlich überall: auf öffentlichen Plätzen, in Bussen, Schwimmbädern und auf dem Weih-

nachtsmarkt. Was indes die wenigsten Straßburger zu stören scheint.

Kulinarisches Multikulti

Doch Überwachungskameras sind nun mal nicht das, woran man bei Straßburg als erstes denkt. Das sind schon eher Gänseleberpastete und knackigwürziges Sauerkraut. Gerade auf kulinarischem Sektor erweist sich Straßburg als wahrhaft »multikulti«, denn schon früh, vom 17. Jh. an, sind deutsche und französische Küche auf dem Boden der Europastadt eine fruchtbare Synthese eingegangen. Heute kochen hier Meister, die die Traditionen von Japan bis Spanien verinnerlicht haben.

Zwei Drittel aller Straßburger Haushalte bestehen aus nur einer oder zwei Personen – eine Klientel, die traditionell ausgehfreudig ist. Fazit: Wer ein bestimmtes Lokal im Visier hat, sollte

Daten und Fakten

Einwohner: 272 800 Menschen leben in der Stadt auf 78,26 km², was einer für Städte recht niedrigen Einwohnerdichte entspricht, 467 000 sind es im Großraum der *Communauté Urbaine* (CUS) auf 306 km². Im touristischen Zentrum wohnen knapp 18 000 Menschen.

Wirtschaft: Straßburg ist das kulturelle und wirtschaftliche Zentrum der Region, Hauptstadt der Region Alsace und des Départements Bas-Rhin. Und eines der dynamischsten Wirtschaftszentren des Nordostens.

Den Löwenanteil von 87,3 % der Beschäftigten nimmt der Dienstleistungssektor ein, 14,6 % sind in der Produktion beschäftigt, z. B. in der Autoforschung (General Motors), der Pharmazeutik (Lilly) und der Nahrungsmittelindustrie (Fischer und Kronenbourg). Außerdem ist Straßburg einer der wichtigsten Finanzplätze Frankreichs.

Arbeitslosigkeit: 10,5 %.

Einwanderer: Der Immigrantenanteil ist mit 13 % recht hoch. Die Menschen kommen vor allem aus dem Maghreb, der Türkei – und aus Deutschland.

Institutionen: In Straßburg sitzen neben dem Europaparlament auch die Elite-Verwaltungshochschule ENA sowie renommierte wissenschaftlicher Institutionen wie das Centre National de la Recherche Scientifique. Obwohl nur siebtgrößte Stadt, ist Straßburg nach Paris Frankreichs zweitgrößte Kongressstadt.

rechtzeitig reservieren. Verhungern müssen aber auch spontane Restaurantgänger nicht.

Stadt der Studenten

Um die 50 000 Studenten prägen das Stadtbild ganz erheblich. Jeder fünfte Student kommt nicht aus Frankreich, was ein ziemlich internationales Flair ergibt. 2009 wurden die naturwissenschaftliche Universität Louis Pasteur, die Jura-Fakultät Robert Schumann und die Marc-Bloch-Universität für Geisteswissenschaften zur Université Strasbourg zusammengelegt – Synergieeffekte sind wie andernorts erwünscht.

Die Studenten und zahlreiche junge Besucher – Straßburg ist ein beliebtes Ziel für Klassenfahrten – haben dafür gesorgt, dass es ein ausgezeichnetes Ess-Angebot im unteren Preissegment sowie eine rege Ausgehszene mit Kneipen, Clubs und Discos gibt. Überhaupt ist Straßburg mit einem Anteil von 46 % Einwohnern unter 30 Jahren eine ausgesprochen junge Metropole. Ein »heiteres lustiges Leben« versprach sich ihr illustrer studentischer Vorgänger Goethe von Straßburg. Wie so oft bei Johann Wolfgang eine zeitlose Wahrheit.

Rauchen

In Frankreich ist es bereits seit 1992 bei Strafandrohung verboten, in öffentlichen Räumen zu rauchen. Im Gegensatz zu Deutschland hat es Frankreich tatsächlich geschafft, den blauen Dunst aus Restaurants und Kneipen zu verbannen. Vor den Bars bilden sich dann, wie in vielen Teilen Europas, Rauchertrauben, im Winter gewärmt von Gaslaternen.

Chic

An Gesundheitsschuhen und Wanderjacke erkennt man meist deutsche Touristen in Straßburg. Wer sich »unauffälliger« bewegen möchte, sollte sich auf modernen City-Chic verlegen. Vor allem in den besseren Restaurants kann man sich ruhig etwas feiner anziehen: Sakko und Krawatte sind nicht ungewöhnlich. Einige Clubs und Bars haben Türkontrollen, die allzu ›unmodisch‹ und nicht adäquat gekleidete Gäste rigoros aussortieren. Vor allem die Damen können nie trendig genug gekleidet sein.

Preisniveau

Straßburg ist im Vergleich mit anderen deutschen und französischen Metropolen eine recht teure Stadt, wofür die EU-Parlamentarier samt Lobbytross und die Beliebtheit der Stadt bei Touristen aus aller Welt sorgen.

Preisbeispiele: Flammkuchen gibt es ab etwa 6 €. In der Winstub lässt man für ein 3-Gang-Menü ca. 35 €. Spitzenköche wollen für ihre Mehrgangmenüs teilweise über 100 € haben.

Wappen

Das Wappen Straßburgs ist ein roter Balken auf weißem Hintergrund, in dem die Stadt das Wappen des Bischofs in das ihre integriert hat.

Stadtwappen von Straßburg

Vorgeschichte und Römerzeit

Bereits am Ende des 3. Jh. v. Chr. bauten die keltischen Mediomatriker auf jener überschwemmungssicheren Flussinsel, auf der heute das Münster steht, ihr Argentoratum, was soviel wie »Wasserfestung« bedeutet. Auch der römische General Drusus wusste die ideale Lage an Ill und Rhein sowie an der Kreuzung mehrerer Handelswege zu schätzen. Er errichtete um 12 v. Chr. ein Kastell, um das sich rasch eine bis zu 30 000 Bewohner zählende zivile Siedlung entwickelte.

Mittelalter

Das frühe und hohe Mittelalter ist gekennzeichnet durch die Auseinandersetzung zwischen dem Bischof als weltlichem Herrschaftsträger und der durch Handel und Handwerk reich gewordenen Bürgerschaft. 1262 besiegten die Bürger Bischof Walter von Geroldseck in der Schlacht von Oberhausbergen. Politischen Schutz fanden sie beim deutschen Kaiser. Als Freie Reichsstadt, nur dem — meist fernen — Kaiser unterstellt, agierte Straßburg im späten Mittelalter wie ein souveräner Staat mit Miliz, Wappen und Verwaltung.

Ihre eigene Verfassung, der Schwörbrief, entstand im 14. Jh. als Ausgleich zwischen den rivalisierenden Interessengruppen von Patriziat und Zünften. Eine tolerante Stadtrepublik? Mitnichten. 1362 ermordeten Straßburger Bürger, allen voran Angehörige der Metzgerzunft, 2000 Juden — eins der schrecklichsten Pogrome des europäischen Mittelalters.

Humanismus und Reformation

Straßburg wurde mit Geiler von Kaysersberg und Sebastian Brant eins der Zentren des europäischen Humanismus. Ob, wie die Straßburger gerne behaupten, Johannes Gutenberg hier den Buchdruck erfand, bleibt umstritten. Federführend bei der Einführung der Reformation waren zwei Humanisten, der Stettmeister Jakob Sturm und Martin Bucer. 1530 verfasste Bucer die Tetrapolitana, das protestantische Glaubensbekenntnis Straßburgs.

Zwischen Frankreich und Deutschland

Der französische König Ludwig XIV. machte de facto Schluss mit der städtischen Freiheit, als er Straßburg 1681 eroberte. Als Teil Frankreichs erlebte die Stadt im 18. Jh. eine kulturelle und wirtschaftliche Blüte, deren Exportschlager z. B. Porzellan aus der Hannong-Manufaktur, Tabak und Bier waren. Dem Ruf der deutschsprachigen Universität folgte auch der junge Goethe. Erst die Französische Revolution brachte die endgültige Abschaffung der bedeutungslos gewordenen Stadtverfassung, und als Ausweis republikanischer Gesinnung wurde dem Münsterturm eine riesige Jakobinermütze aufgesetzt. Die Industrialisierung im 19. Jh. ließ die Einwohnerzahl des prosperierenden Straßburg auf 100 000 ansteigen.

Als deutsche Heere 1870 die Stadt bombardierten, half aller Protest der französisch gesinnten Straßburger nichts. Als Hauptstadt des Reichslandes Elsaß-Lothringen wurde Straßburg wieder deutsch — und am Ende des Ersten Weltkriegs 1918 mit Begeisterung wieder französisch. Von 1940 bis 1944 folgte letztmalig ein deutsches Intermezzo. Die Besetzung durch das nationalsozialistische Deutschland ist eine der dunkelsten Epochen der ehemaligen Reichsstadt.

Im Zeichen Europas

Nach dem Zweiten Weltkrieg erhob sich Straßburg wie ein Phönix aus der Asche. 1949 wurde es zum Sitz des Europarats und 1958 (zusammen mit Brüssel) zum Sitzungsort des Europäischen Parlaments ernannt, das 1999 ein futuristisches, nach der ehemaligen Alterspräsidentin Louise Weiss benanntes Gebäude erhielt. Welche Stadt könnte auch besser eine europäische Berufung verkörpern als dieser Zankapfel zwischen den Nationalstaaten Deutschland und Frankreich, der als Erbe dieser Vergangenheit seine Zweisprachigkeit und seine vielfältigen kulturellen Wurzeln in das so vielbeschworene »Europa der Regionen« einbringen kann.

Hin zum grenzüberschreitenden Eurodistrikt

Das moderne Straßburg steht im Zeichen einer multikulturellen Gesellschaft. Wegweisende Impulse gaben dabei 1992 sicherlich die Gründung des deutsch-französischen Kultursenders »arte«, sechs Jahre später die Eröffnung des postmodernen Musée d'Art Moderne et Contemporain und nicht zuletzt das Tomi-Ungerer-Museum. Eine zukunftsorientierte Verkehrsplanung umfasst die ultraschicke Tram sowie die TGV-Anbindung nach Paris.

Das städtebauliche Entwicklungsprojekt des 21. Jh. ist die Stadterweiterung in Richtung Rhein. Erste Realisationen sind der Parc des Deux Rives mit der Fußgängerbrücke nach Kehl sowie das Kulturzentrum Archipel culturel auf ehemaligen Hafen- und Industriebrachen am Bassin d'Austerlitz.

Nicht zuletzt wurde die grenzüberschreitende Region Oberrhein wegen ihrer ökologischen Bedeutung 2013/2014 zur »Landschaft des Jahres« gewählt.

Straßburgs Tram ist fast zu schön für eine schnöde Straßenbahn

Anreise

... mit dem Flugzeug

Der kleine **Internationale Flughafen** Strasbourg-Entzheim liegt 16 km südwestlich vom Stadtzentrum (▶ Karte 3). Er wickelt hauptsächlich innerfranzösische Flüge ab (Tel. 03 88 64 67 67, www.strasbourg.aeroport.fr).

Vom Flughafen in die Stadt: Viermal pro Stunde von 5.30 bis 22 Uhr fährt ein Shuttle-Zug (Navette train) in 9 Min. zum Gare Centrale. Bis zum letzten Flieger um 23 Uhr stehen Taxis bereit, die etwa 30 € für die Fahrt nehmen.

... mit der Bahn

Straßburg liegt im Zentrum des gut ausgebauten elsässischen Schienennetzes. Zwischen Straßburg, Mulhouse und Basel verkehren regionale Hochgeschwindigkeitszüge. Direkt reist man z. B. von Basel, Karlsruhe, München, Offenburg, Stuttgart, Wien oder Zürich nach Straßburg, ansonsten mit Umsteigen in Karlsruhe oder Offenburg.

Seit 2007 verbindet der TGV Est Straßburg in 2 Std. 20 Min. mit Paris, in 2 Std. 5 Min. mit Zürich und in 1 Std. 20 Min. mit Stuttgart (Tel. 08 92 35 35 35, www.tgv.com). Eine schicke Glashalle vor dem **Bahnhof** (▶ B 5) demonstriert auch optisch die Ankunft im Hochgeschwindigkeits-Zeitalter: 320 km/h schafft der Super-D-Zug.

Ein besonders günstiges Angebot ist derzeit (Mai 2014) ein Frühbucher-Kombiticket für ICE (von jedem deutschen Bahnhof nach Frankfurt) und TGV (von Frankfurt nach Straßburg) ab 39 € einfache Fahrt. Buchbar frühestens drei Monate und spätestens drei Tage vor Fahrtantritt (je früher, desto besser), unter dem ›Sparpreis-Finder‹ auf www.bahn.de. Weitere Vergünstigungen, Suchmaschinen für sämtliche Fahrpläne und Verbindungen sowie eine Online-Buchungsmöglichkeit (Sie können sich Ihr Ticket selbst ausdrucken) finden Sie unter www. sncf-voyages.com.

... mit dem Auto

Wer von Norden kommt, sollte die A 65 nehmen (mit einem kurzen Stück Landstraße zwischen Kandel und Lauterbourg). Die neue, wenig befahrene A 35 nach Strasbourg ist der immer vollen A 5 auf deutscher Seite vorzuziehen. Von der Schweiz kann man über den Sundgau und Mulhouse kommen, von da über die elsässische A 35. Der beste Rheinübergang ist die Europabrücke zwischen Kehl und Straßburg. Auf elsässischen Autobahnen muss man keine Maut (péage) entrichten.

Verkehrsregeln: Die Promillegrenze liegt bei 0,5. Die Höchstgeschwindigkeit beträgt außerhalb geschlossener Ortschaften 90, auf Straßen mit zwei Fahrstreifen in jeder Richtung 110, auf Autobahnen 130, in geschlossenen Ortschaften 50 km/h. Gelbe Streifen am Fahrbahnrand bedeuten Parkverbot.

Einreisebestimmungen

Für EU-Staatsbürger und Schweizer reicht der Personalausweis – ein eigener Ausweis für Kinder ist erforderlich –, bei einem Aufenthalt von über drei Monaten muss eine »Carte de séjour« beantragt werden. Achtung: Mit einem alten Führerschein kann man Probleme bekommen, am besten besorgt man sich den neuen EU-Führerschein im Scheckkartenformat. Hunde und Katzen brauchen eine gültige Tollwutimpfbescheinigung. Tiere im Alter von unter drei Monaten dürfen nicht mitgenommen werden.

Zollbestimmungen: In der EU wird auf Waren für den Eigenbedarf kein Zoll erhoben. Man kann bis zu 90 l Wein, 800 Zigaretten und 10 l Spirituosen mitnehmen. Für Schweizer gelten die alten Werte: 200 Zigaretten, 1 l Spirituosen und 2 l Wein.

Feiertage

Zusätzlich zu den frankreichweiten Feiertagen kommen im Elsass Karfreitag und 2. Weihnachtstag hinzu.
1. Jan.: Neujahrstag *(Jour de l'An)*
Karfreitag (nur im Elsass)
Ostermontag – *(Lundi de Pâques)*
1. Mai: Tag der Arbeit *(Fête du Travail)*
8. Mai: Kapitulation Hitler-Deutschlands, Ende des Zweiten Weltkriegs *(Armistice de 1945)*
Christi Himmelfahrt – *(Ascension)*
Pfingstmontag – *(Lundi de Pentecôte)*
14. Juli: Nationalfeiertag, Sturm auf die Bastille
15. Aug.: Mariä Himmelfahrt *(Assomption)*
1. Nov.: Allerheiligen *(Toussaint)*
11. Nov.: Waffenstillstand, Ende des Ersten Weltkriegs *(Armistice de 1918)*
25. Dez.: Weihnachten *(Noël)*
26. Dezember (nur im Elsass)

Feste und Festivals

Straßburg-Europa-Lauf: Mitte Mai. Ist eher ein buntes, fröhliches Volksfest. Der Lauf ist nur 10 bzw. 20 km lang. Info: Tel. 03 88 31 83 83.

Festival International de la Musique: Juni, www.festival-musique-strasbourg.com. Beim ältesten Festival klassischer Musik Europas geben sich die renommiertesten Interpreten und Orchester die Ehre. Hauptspielstätte: Palais de la Musique et des Congrès (s. S. 109).
Nationalfeiertag: 14. Juli. Am Tag der Erstürmung der Bastille feiert ganz Frankreich und natürlich auch Straßburg: Am Vorabend findet eine Militärparade statt, am Tag selbst um 22.30 Uhr ein Feuerwerk und Musik am Vauban-Staudamm.
Foire Européenne: September, www.foireurop.com. Die Europamesse im Wacken in der ersten Septemberhälfte ist die größte Verbrauchermesse der Region und bietet neben Elektronik, Möbeln und Haushaltsgegenständen auch lohnenswerte Produkte der elsässischen Handwerker, Kunsthandwerker, Winzer und besonderer Nahrungsmittelproduzenten.
Journées du Patrimoine: Mitte September. Die »Tage des Kulturerbes«, ein Wochenende der offenen Tür, gewähren Zugang zu vielen historischen Bauten, die sonst geschlossen sind.
Musica: Ende Sept./Anfang Okt., www.festival-musica.org. Das Festival internationaler zeitgenössischer Musik ist ein Fixpunkt der internationalen Musikszene. Gespielt wird auch an »zweckentfremdeten« Orten wie Schwimmbädern oder Fabriken.
Jazz d'Or: Mitte November, www.jazzdor.com. An verschiedenen Veranstaltungsorten feiert Straßburg sein Festival der Jazz-Musik.
ST'ART: Ende November, www.st-art.com. Galerien aus ganz Europa stellen auf dieser internationalen Messe zeitgenössischer Kunst im Wacken aus. Zu sehen sind Arbeiten junger, aber auch etablierter Künstler der klassischen Moderne wie Picasso.

Reiseinfos von A bis Z

Zur **Adventszeit** (28. Nov.–31. Dez.) findet auf dem Münsterplatz, Place des Meuniers, Place Benjamin Zix, Place du Marché-Neuf, Place Broglie und Place de la Gare, also praktisch in der gesamten Altstadt, der Christkindelsmarkt *(Marché de Noël)* statt, eine vor allem an den Wochenenden drangvolle, aber stets freundliche Angelegenheit. Es duftet nach Glühwein oder nach heißem Orangensaft mit Honig (die alkoholfreie Variante), nach Makronen, Anisplätzchen, Lebkuchen und Zimtwaffeln sowie Salzigem wie Baguettes mit heißem Camembert und Zwiebeln. An den Ständen gibt es Kunsthandwerk, knallbuntes Zuckerwerk und Weihnachtsbaumschmuck – der Weihnachtsbaum ist schließlich eine elsässische Erfindung vom Ende des 18. Jh. Das riesige Angebot ist allerdings weitgehend normiert, besonders Originelles sucht man vergeblich. Lediglich die Märkte von der Place Benjamin Zix und von der Place du Marché-Neuf bieten authentische elsässische Kulinaria von Pilzen aus den Vogesen bis zu Honig an.

Auf der Place Kléber steht, worauf die Straßburger ganz besonders stolz sind, der größte Weihnachtsbaum Frankreichs. Darunter legen die Straßburger Geschenke für die Armen der Stadt nieder.

Auf der Place Gutenberg stellen traditionelle Handwerker, manches Jahr auch aus anderen Weihnachtsmetropolen wie Russland, ihre Kunst aus, und im Souterrain der Handelskammer werden Weihnachtsgeschichten aus aller Welt für die Kinder erzählt. An der Place du Château eröffnet eine allseits beliebte Schlittschuhbahn. Jeder Straßenzug funkelt und schimmert in seiner eigenen Weihnachtsdeko: Lichternetze über den Köpfen, weiß-silbern angestrahlte Glitzerbäume mit bunten Kerzchen, Girlanden mit roten Äpfeln. Über die Rue des Hallebardes funkeln Kristalllüster. Jedes Geschäft ist festlich geschmückt, im Temple Neuf und anderen Kirchen schmettern die Adventssänger, Krippen- und weitere weihnachtliche Ausstellungen sind zu bewundern.

Die Brauereien brauen spezielle Weihnachtsbiere und die meisten Restaurants kreieren weihnachtliche Menüs mit Lebkuchen- und Zimtaromen. Krönender Abschluss des Ganzen ist die höchst festliche, weihevolle Mitternachtsmette in der Kathedrale.

Weihnachten (Noël): Dezember, www.noel.strasbourg.eu. In Straßburg, das sich ohne falsche Bescheidenheit *Capitale de Noël*, Weihnachts-Hauptstadt, nennt, wird Weihnachten, wie überall im Elsass, viel stärker als irgendwo anders in Frankreich festlich begangen. Die Marke »Elsässisches Weihnachten« wird sogar nach Japan exportiert.

Fundbüro

Objets trouvés: Fundbüro der Stadt (► B 5), 15, petite rue de la Course, Tel. 03 88 13 68 00, Tram: Gare Centrale, Mo–Fr 8.30–12.30 Uhr.

Fundbüro der Bahn (► B 5), im Bahnhof, Tel. 03 88 75 41 63, Tram: Gare Centrale, tgl. 6.15–21.15 Uhr.

Gesundheit

Mit der Europäischen Krankenversicherungskarte (EHIC) Ihrer Krankenkasse – auf der Rückseite der normalen Versichertenkarte – gehen Sie in ein Krankenhaus oder zu einem niedergelassenen Arzt. Nun gibt es zwei Möglichkeiten. A: Der Arzt behandelt Sie und reicht seine Rechnung bei Ihrer heimischen Krankenkasse ein. B: Der Arzt stellt Ihnen eine Privatrechnung, die Sie vor Ort begleichen müssen. Zu Hause reichen Sie sie bei Ihrer Krankenkasse ein, bekommen aber nur den gesetzlichen Tarif zurück, sodass Sie auf ca. zwei Dritteln der Rechnung sitzenbleiben.

Eine zusätzliche Reisekrankenversicherung, z. B. beim ADAC oder bei der eigenen Krankenkasse, wird dringend empfohlen. Dann bekommen Sie auch den Differenzbetrag zwischen gesetzlichem und privatem Tarif erstattet. Außerdem ist hier meist eine Reise-Rücktransportversicherung eingeschlossen.

Französische Apotheken *(pharmacies)* erkennt man an ihren großen grünen Neonkreuzen. Viele Medikamente sind günstiger als in Deutschland. Notdienste werden jeweils in einem Aushang angegeben.

Informationsquellen

Französische Fremdenverkehrsämter

Informationsmaterial und Broschüren erhält man bei ATout France (Französisches Fremdenverkehrsbüro). Die Büros sind ohne Publikumsverkehr.

… in Deutschland

ATout France
PF 100128
60001 Frankfurt/Main
Fax 069 74 55 56
info.de@franceguide.com
info.de@rendezvousenfrance.com/de
www.rendezvousenfrance.com

… in Österreich

Tel. 01 503 28 92
Info.at@rendezvousenfrance.com
http://at.rendezvousenfrance.com/de

… in der Schweiz

info.ch@rendezvousenfrance.com
www.rendezvousenfrance.com/de

Tourist Info in Straßburg

Office de Tourisme de Strasbourg et sa région (OTSR) (▶ D 6), 17, pl. de la Cathédrale, Tel. 03 88 52 28 28, www.otstrasbourg.fr, tgl. 9–19 Uhr. Hotellisten, Broschüren, Zimmervermittlung, Führungen, Tickets, Strasbourg-Pass (s. S. 20).

Im Internet

Länderkennung ist .fr

Hauptsprache der Websites ist natürlich Französisch, doch haben fast alle Hotels, Restaurants und Tourismusseiten eine deutsche und/oder englische Version. Beim Schreiben werden die französischen Akzente weglassen, also nicht »pêche«, sondern »peche« eingeben. Nützlich sind die französischen »Gelben Seiten«, www.pagesjaunes.fr, wo man nach Kategorien, Namen, Orten, Adressen suchen kann.

www.otstrasbourg.fr: die offizielle Homepage des Office de Tourisme, auch auf Deutsch. Online-Buchung für Hotels, Anreise, Verkehrsmittel, Museen, Theater, Ausgehen, Gastronomie u. v. m. – sehr nützlich und übersichtlich aufgemacht.

www.strasbourg.eu: die nützliche Homepage der Stadtverwaltung, auf Französisch: Veranstaltungskalender, Transport *(»se deplacer«)*, Kultur, städtisches Leben und Neuigkeiten, Tourismus, Wetter.

www.musees.strasbourg.eu: Offizielle Website der Straßburger Museen mit den aktuellen Ausstellungen, Veranstaltungen, Kinderprogrammen, Öffnungszeiten etc.; auf Französisch.

www.tourisme-alsace.com: Schön gestaltete Website des elsässischen Tourismusvereins, auch auf Deutsch (die vielen Links sind dann wieder auf Französisch). Sonder- und Pauschalangebote, ein Tages- und Jahresveranstaltungskalender, ausführliche Informationen zu allen Sportarten, zu Kultur, Gastronomie, Unterkunft, Führungen und Adressen der Tourismusvereine.

www.europarl.europa.eu: Website des Europäischen Parlaments mit allen Projekten, Sitzungen etc. in sämtlichen Sprachen der EU.

www.dna.fr: Internetausgabe der größten elsässischen Zeitung »Dernières Nouvelles d'Alsace«, straßburgzentriert und hauptsächlich für das Département Bas-Rhin, Aktuelles aus aller Welt und aus der Region, Veranstaltungshinweise, Wetterbericht; auf Französisch.

www.region-alsace.eu: Website des Regionalrats mit aktuellen Bildchen, Infos zu Geschichte, Verwaltungsaufbau, Politik, Tourismus sowie Leben im Elsass und Investieren im Elsass; auch auf Deutsch.

www.meteofrance.com: Das Wetter; auf Französisch.

Kinder

Unterkunft

Kinder sind überall gern gesehen. Man bemüht sich generell, den Bedürfnissen der kleinen Reisenden nachzukommen. In den meisten Hotels wird umsonst oder gegen einen geringen Aufpreis ein Kinderbett (*lit d'enfant*) ins Zimmer der Eltern gestellt. Manche Hotels, vor allem der oberen Kategorie, bieten einen Babysitterdienst (*garderie*) an, wenn die Eltern ausgehen möchten. Empfehlenswert ist auch die Mitnahme eines Babyfons, wenn man im Hotel essen möchte und den Nachwuchs zu Bett gebracht hat.

Die private, von Eltern zusammengestellte Website www.alsace-des-petits.fr stellt sorgsam recherchierte Ausflüge, Attraktionen und Veranstaltungen für Kinder vor, allerdings für das gesamte Elsass.

Essen

Fast alle Restaurants verfügen über Kinderstühle (*chaise d'enfant*) für die ganz Kleinen; die meisten bieten außerdem ein preisreduziertes Kindermenü (*menu d'enfant*) an.

Ältere Kinder können im Allgemeinen auch in Feinschmeckerlokale mitgenommen werden. Mit einem traditionell lange währenden Mehr-Gänge-Menü wird man dem Nachwuchs aber in der Regel keinen Gefallen tun. Und sich selbst meist auch nicht, denn in der gehobenen Gastronomie stoßen Eltern mit quengelnden Kindern auf wenig Verständnis.

Besuchen Sie lieber stattdessen eine Winstub oder ein Flammkuchen-Restaurant. Diese sind ideal für die ganze Familie, denn dort darf man mit den Fingern essen. Auf vielen, aber durchaus nicht allen Damentoiletten befindet sich ein Wickeltisch (*table à langer*).

Kombitickets

Strasbourg-Pass: Den 3 Tage gültigen Pass (Erw. 14,90 €, Kinder 7,95 €) gibt es beim Office de Tourisme. Er umfasst den freien Besuch eines Museums, Aufstieg zur Münsterplattform, Bootsrundfahrt, Besichtigung der Astronomischen Uhr sowie 50 % Ermäßigung für ein zweites Museum, Minizug-Rundfahrt, Fahrradausleihe für einen halben Tag, Stadtführung, Besuch von Vaisseau und Naviscope.
Kostenlos: Museumseintritt für alle an jedem ersten So im Monat.

Unternehmungen

Das Universitätsviertel (Zoologisches Museum, Planetarium und Schwimmbad, s. S. 66) sowie das Europaviertel mit dem Parc de l'Orangerie (Spielplatz, Minizoo, Bötchenverleih, Bowling, s. S. 69) sind besonders für Familien mit Kindern geeignet.

In der Minitram durch die Altstadt (s. S. 11) zu fahren, auf dem Bötchen über die Ill-Arme (s. S. 45) zu schippern und auf die Münster-Plattform (s. S. 32) zu klettern, kommt meist gut an. Zwischen Museumsbesuchen kann man an der Ill entlangschlendern, Enten und den Gassi gehenden Stadthunden zugucken. Wasserratten schwimmen gern in den Bains Municipaux (s. S. 67).

Das kinderkompatible Erdgeschoss des Tomi-Ungerer-Museums (s. S. 15), Wissenschaftszentrum Le Vaisseau (s. S. 80) sowie das Théâtre du Jeune Public (s. S. 110) sind weitere Attraktionen für Kids.

Klima und Reisezeit

Das Klima entspricht dem in Deutschland. Generell ist es im Oberrheingraben immer ein paar Grad wärmer.

Straßburg hat immer Saison. In der Hochsaison im Juli/August wird es allerdings auf dem Münsterplatz sehr eng. Für die Adventswochenenden muss man lange im Voraus buchen. Sehr angenehm sind Aufenthalte im Frühling und im Herbst.

Öffnungszeiten

Banken: Mo–Fr 9–12, 14–17 Uhr.
Geschäfte: Kernzeiten 10–19 Uhr, schließen zu 50 % mittags von 12–14 Uhr. Souvenirläden und Supermärkte *(Hypermarchés)* öffnen durchgängig so-

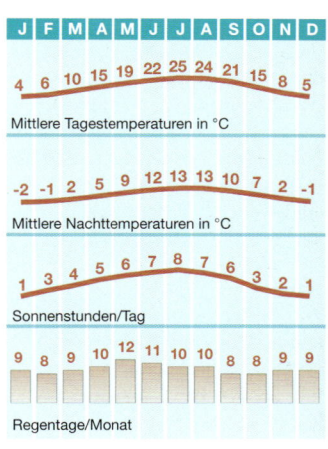

Klimadiagramm Straßburg

wie auch teils So und bis spät in den Abend. Montagmorgens hat fast alles geschlossen.

Museen: Geschlossen am 1. Jan., Karfreitag, 1. Mai, 1. und 11. Nov., 25. Dez. sowie Di (nur Musée d'Art Moderne und Musée de l'Œuvre Notre-Dame Mo).

Post: Mo–Fr 8–18.30, Sa 8–12 Uhr.

Restaurants: Kernzeiten 12–14, 18.30 (Winstubs) / 19.30 (Restaurants) bis 22 Uhr. Zum überwiegenden Teil So und Mo geschlossen.

Reisen mit Handicap

In der jährlich aktualisierten kostenlosen Broschüre »Hôtels. Restaurants«, die bei allen Fremdenverkehrsbüros erhältlich ist, weisen Logos mit einem weißen Haus auf blauem Grund auf Häuser hin, die speziell für Körperbehinderte, geistig Behinderte, Sehbehinderte bzw. Hörbehinderte eingerichtet sind. Dies sind meist neue Häuser sowie Kettenhotels, bei den älteren Häusern fehlen oft Aufzüge oder Rampen.

Sport und Aktivitäten

Infos im Internet finden Sie auf der Website des elsässischen Fremdenverkehrsvereins (www.tourisme-alsace.com, fürs Departement unter www.tourisme67.com). Alle Straßburger Sportclubs sind unter www.ods67.com, dem Office des Sports de Strasbourg, verzeichnet.

Fitness
Fitnesszentren mit Sauna, Solarium und Schwimmbad gibt es in einigen Hotels der Luxuskategorie wie Régent Contades (s. S. 91) oder Aux Trois Roses (s. S. 89).

Golf
Bei der **Association Golfs in Alsace,** Tel. 03 89 47 17 30, www.golfsinalsace.com, erhält man Infos zu den sieben elsässischen Golfplätzen.

Klettern
Roc en Stock und Rock enfant: ■ **außerhalb,** 25 D, rue du Maréchal Lefebvre, Tel. 03 88 79 11 70, www.roc-en-stock.fr, Tram: Schluthfeld, Mo–Fr 12–23, Sa/So 12–19 Uhr. Kommerzielle Kletterwand von 1000 m², 150 Kletterrouten aller Schwierigkeitsgrade, Einweisung für Erwachsene und Kinder ab 6 Jahren.

Radfahren
Die Fahrradwege in und um Straßburg sind besonders gut ausgebaut. Die Tiefebene am Rhein ist flach, erfordert also keine besondere Kondition und macht die Straßburger Umgebung ideal für Familienausflüge. Einen kostenlosen Fahrradwegeplan erhält man beim Office de Tourisme (s. S. 19).

Sauna und Schwimmen
Bains Municipaux: ■ **E 5,** 10, bd. de la Victoire, Tel. 03 88 25 17 58, Tram: Gallia, Sauna: Männer: Mo 13–19, Do 14–

21, Sa 8–12.30, Damen: Mi 13–20, Fr 9–12, 14–20, Mixte: Di 14–21, Sa 13–18, So 8–13 Uhr, 13 €. Im Jugendstil-Badekomplex der Städtischen Bäder kann man nicht nur stilvoll schwimmen (s. S. 67f.), sondern auch römische Saunafreuden in Frigidarium, Tepidarium und Caldarium (Kalt-, Lauwarm- und Heißbad) genießen. Die Räume wirken herrlich altertümlich mit ihren verkrusteten Kupferinstallationen, Marmor, Buntglasfenstern und großväterlichen Sitzbadewannen.

Strand und Wassersport
Strandurlaub am Straßburger Stadtrand? Kein Problem. Der Badesee **Etang du Baggersee** in Illkirch-Meinau hat sogar eine eigene Tram-Haltestelle (außerhalb). Man kann schwimmen, sich auf dem Sandstrand sonnen, kostenlos klettern, Kanu oder Fahrrad fahren – an warmen Sommertagen scheint ganz Straßburg hier Badeurlaub zu machen.

Kanufahren lässt es sich am besten im **Club Strasbourg Eaux-Vives (**■ **G 3)**. Er liegt mitten im von Wasserwegen durchzogenen Europaviertel. Von hier kann man auf dem nahen Stausee, auf der Ill und ihren Kanälen durch die Stadt, im Rheinhafen und auf dem Rhein mit Kajaks und Kanus paddeln (36, rue Pierre de Coubertin, Tel. 03 88 31 49 00, http://strasbourg.eauxvives.free.fr).

Wandern
Fédération du Club Vosgien: ■ **Karte 2, C 6,** 16, rue Ste-Hélène, Tel. 03 88 32 57 96, www.club-vosgien.com. Das Wanderland Elsass mit einem Netz von an die 16 000 km gut markierten Wanderwegen liegt vor Straßburgs Haustür. Der 1872 gegründete Club Vosgien, der älteste französische Wanderverein, hat seinen Sitz in der Innenstadt. Hier kann man Wanderkarten kaufen und Informationen erhalten.

Wellness

Le Bain aux Plantes: ■ **C 6,** 61, rue du Fossé des Tanneurs, Tel. 03 88 32 89 68, www.le-bap.com, Mo 14–18, Di–Sa 10–18 Uhr. Diese Tagesschönheitsfarm im pittoresken Viertel der Petite France widmet sich seit 40 Jahren der Schönheitspflege. Verwendet werden pflanzliche und vor allem Bioprodukte, in Kombination mit moderner Technologie – Marken sind beispielsweise Le Bap-Bio, Découverte Bio, Derma Clean und Méso 4. Epilation, Massagen und Modellage sind angesagt, Make-up und Maniküre dürfen natürlich nicht fehlen.

Telefon

Von Deutschland, Österreich, Schweiz nach Straßburg 0033, danach die stets zehnstellige Nummer des Teilnehmers, wobei die 0 weggelassen wird. In Frankreich gibt es keine Ortsvorwahl. In Straßburg beginnt jede Nummer mit 03 88.

Von Straßburg ins Ausland 00, Dauerton abwarten, dann 49 für Deutschland, 43 für Österreich, 41 für die Schweiz. Danach fällt die erste Null weg. Per **Handy** kann man in vielen Netzen telefonieren, jedoch mit teuren Zusatzgebühren, wenn man einen französischen Netzbetreiber wählt. Informieren Sie sich vorher bei Ihrem heimischen Anbieter über die Preise. Auch Roaming kann teuer werden, denn man zahlt für die Verbindung aus Deutschland ins Ausland immer einen Teil der Gebühren, selbst wenn man nur angerufen wird. Da Straßburg direkt hinter der deutschen Grenze liegt, empfiehlt es sich, manuell das deutsche Heimatnetz einzustellen, um so die erheblichen Auslandsgebühren zu sparen.

Unterwegs in Straßburg

Mit Tram und Bussen

Straßburgs schön anzusehende Straßenbahn (Tram) hat fünf Linien, die

Sicherheit und Notfälle

Lassen Sie nie, vor allem nicht auf den Parkplätzen der vielbesuchten Sehenswürdigkeiten, wertvolle Gegenstände im Auto liegen. Im Gedränge rund um die Kathedrale und auch in der Kirche operieren häufig Taschendiebe. Ansonsten sind die Innenstadt und das Europaviertel, wo man sich als Tourist in der Regel aufhält, relativ sicher.

In Vorstadtvierteln wie Elsau, Hautepierre oder Neuhof mit ihren hohen Arbeitslosenquoten, hoher Kriminalität und Jugendbanden gibt es für Besucher ohnehin nichts zu sehen. In diese berüchtigten *quartiers chauds*, die »heißen Viertel«, traut sich selbst die Polizei nicht gern hinein.

Kreditkartenverlust: Zentrale Nummer auch bei Verlust von Handy-, Bank- und EC-Karten: 0049 11 61 16.

Diplomatische Vertretungen: Deutschland: Tel. 03 88 24 67 30; Österreich: Tel. 03 88 35 13 94; Schweiz: Tel. 03 88 35 00 70.

Polizei: 17

Feuerwehr: 18

Ambulanz: 15

Pannenhilfe: 08 00 08 92 22 (kostenlos, deutschsprachig)

sich an der zentralen Haltestelle Homme de Fer kreuzen. Die Tram fährt zwischen 4.30 und 0.30 Uhr, Züge kommen etwa im 4-Minuten-Takt.

Busse wurden weitgehend aus der Innenstadt verbannt. Fast alle Buslinien führen sternförmig von den Tramhaltestellen rund um das Zentrum in die Außenbezirke, Linie 10 fährt um die Innenstadt herum. Die moderne Homme de Fer und die benachbarte Ancienne Synagogue/Les Halles sind zentrale Umsteigepunkte. Betrieben werden Tram und innerstädtische Buslinien von der Gesellschaft CTS.

Allo CTS: Tel. 03 88 77 70 70. Unter dieser Nummer gibt es Infos zu allen Verkehrsmitteln in Straßburg auf Französisch; www.cts-strasbourg.eu (Fahrpläne, Haltestellensuche, Tarife). Ein Streckenplan ist am Hauptbahnhof, in der Boutique Homme de Fer an der gleichnamigen Haltestelle und in der Touristeninformation erhältlich.

Tickets bekommt man am Bahnhof und an den Haltestellen, bei der Post, in Tabakläden, Kiosken sowie bei Banken und Geschäften mit CTS-Logo. Fahrscheine werden auf dem Bahnsteig entwertet. Ein Einzelfahrschein für Tram und Bus (Unipass) kostet 1,60 €, ein Zehner-Heft 13,10 €. Sehr nützlich: »24h individuel« für 4,10 € (1 Tag kostenlos alle Busse und Tram) sowie für Familien »Trio« für 6 € (1 Tag für 2–3 Personen).

Park + Ride: Parkplätze Baggersee, Krimmeri Stade de la Mainau, Ducs d'Alsace, Elsau, Hoenheim Gare, Rives de l'Aar 3,50 €, Rotonde 4 €, Mo–Sa 7–20 Uhr. Parken plus Hin-und-Zurück-Ticket für jeden Fahrzeuginsassen.

Mit dem Taxi

Taxi 13 (Tel. 03 88 36 13 13, www.taxi13.fr) ist das größte Unternehmen. Taxistände finden Sie am Bahnhof, an der Place de la République, Place Gutenberg, Centre Halles und Europarat.

Leihwagen

Sixt: 20, pl. de la Gare, Tel. 03 88 23 09 31, ab ca. 42 € pro Tag.

Der Umwelt zuliebe – nachhaltig reisen

Die Umwelt schützen, die lokale Wirtschaft fördern, intensive Begegnungen ermöglichen, voneinander lernen – sozial verantwortlicher und umweltfreundlicher Tourismus übernimmt Verantwortung für Klima, Natur und Gesellschaft. Die folgenden Websites geben Tipps, wie man seine Reise nachhaltig gestalten kann.
www.fairunterwegs.org: »Fair reisen« anstatt nur verreisen – dafür wirbt der Schweizer Arbeitskreis für Tourismus und Entwicklung. Außerdem hält er ausführliche Infos zu Reiseländern in der ganzen Welt bereit.
www.alsace.developpement-durable.gouv.fr und **www.strasbourg-ecologie.org** informieren über Ökologie, Umwelt und Nachhaltigkeit in der Region bzw. in Straßburg.
Straßburg nachhaltig: In der Straßburger Innenstadt Tram zu fahren, ist nicht nur umweltverträglich, sondern auch vernünftig. Mit Fahrrad, Elektrofahrrad oder Segway sind Stadtführungen garantiert umweltverträglich. Ökologisch einkaufen kann man auf dem Marché des Producteurs (s. S. 103), ökologisch essen im Une Fleur des Champs (s. S. 97) und Bistrot et Chocolat (s. S. 41).

Mit dem Fahrrad

Radwege: Rund 500 km Wege sind markiert und an den Kreuzungen mit Extra-Ampeln versehen; die Richtungen sind gut ausgeschildert. Viele Straßen der Fußgängerzone darf man mit dem Rad befahren. In der Tram kann man das Rad außerhalb des Berufsverkehrs – dessen Zeiten sind Mo–Sa 7–9 und 17–19 Uhr – mitnehmen.

Vel'hop: www.velhop.strasbourg.eu. Der städtische Service Velhop bietet in drei Boutiquen und mehreren 24 Stunden geöffneten automatischen Stationen Leihfahrräder an. Die Stunde kostet 1 €, der Tag 5 €, die Woche 15 €. 150 € Kaution und ein Personalausweis werden verlangt.

Verleihboutiquen: Bahnhof, Grande Verrière, ■ **B 5,** Tel. 09 60 17 74 63, Mo–Fr 8–19, Sa/So 9.30–19 Uhr, im Winter So geschl.; **Zentrum, 3, rue d'Or, Tram-Station Porte de l'Hôpital,** ■ **Karte 2, D 6,** Tel. 09 65 27 97 25, Mo–Fr 8–19, Sa/So 9.30–19 Uhr, im Winter So geschl.; **Universität, 23, boul. de la Victoire,** ■ **E 5,** Tel. 09 62 32 06 46, Mo–Fr 13–13, 14–18.30 Uhr.

Stadtführungen

Audiovisuelle Führung: Für 5,50 € und eine Kaution von 100 € verleiht das Office de Tourisme Walkmen. Innerhalb von 3 Std. kann man im individuellen Rhythmus die 90 Min. lange Führung absolvieren.

Segway: Mobilboard, 16, rue d'Austerlitz, Galeries Austerlitz, Tel. 03 67 10 33 04, www.mobilboard.com/fr/agence/segway/strasbourg. Mai–Okt. Mo–Sa 10– 20, Nov.–April Di–Sa 10–18 Uhr. Die Agentur bietet mehrere Möglichkeit an, Straßburg mit Führung auf einer Segway-Tour zu erkunden. Anfänger werden in die nicht sehr schwierige Kunst des Segway-Lenkens eingeführt.

Bootsrundfahrten: Batorama: ■ **Karte 2, D 6,** Tel. 03 88 84 13 13, www.batorama.fr. Die Fahrt in den Glasdachbooten führt von der Anlegestelle unterhalb des Musée Historique auf der Ill um die Altstadt bis zum Europaviertel. Den Kommentar gibt es über Kopfhörer nicht nur auf Deutsch. Bei guter Witterung werden die Glasdächer hochgeklappt. Preise: Erwachsene 9,50 €, Kinder von 3 bis 18 Jahren 5,80 €, Abfahrt 23. März–Dez. halbstündlich 9.30–19, im Sommer auch 20, 21, 22 Uhr, Jan.–22. März 4–8mal tgl. Ill-Ufer, unterhalb des Musée Historique, Tram: Porte de l'Hôpital.

Historische Schnitzeljagd: Der Verein »Il était une fois la ville« (Tel. 03 88 31 05 25, www.iletaitunefoislaville.com) will auf originelle Weise mit der Straßburger Geschichte vertraut machen: Bei den 2-stündigen Erkundungen der Altstadt, Kathedrale und Petite France, auch in deutscher Sprache, werden Gruppen zusammengestellt; sie erhalten eine Schnitzeljagd-Anweisung und hinterher werden die Antworten kontrolliert. Parcours für Kinder und für Erwachsene. Preise: Erw. 9–12 €, Kinder 4 €.

Minitram (■ **Karte 2, D 6):** Die auch auf Deutsch kommentierte Rundfahrt durch die historische Altstadt in der elektrischen Minitram dauert 40 Min. und erfreut besonders Kinder. Info: Tel. 03 88 77 70 03. Abfahrt Pl. de Gutenberg, 28. April–9. Sept. halbstdl. 9.30–20, 10. Sept.–14. Okt. halbstdl. 9.30–17.30, 15. Okt.–1. Nov. stdl. 10–17 Uhr. Erw. 5,20 €, Kinder von 4 bis 12 Jahre 2,70 €.

Rundflüge: Für 70 € (2 Personen 80 €) können Sie vom Kleinflugzeug aus Straßburg und Umgebung eine halbe Stunde lang aus der Vogelperspektive überblicken, eventuell kombiniert mit einer Lufttaufe: Aéroclub d'Alsace, Aérodrome du Polygone, Tel. 03 88 34 00 98, www.aero-club-alsace.org.

15 x Straßburg direkt erleben

Über dem komplizierten Muster des Stab- und Maßwerks an der Münsterfassade erhebt sich ein einzelner Turm – ein bisschen verrückt, wie der Baumeister Ulrich von Ensingen hier jeglichen Gedanken an Symmetrie aufgibt, um im Wettstreit spätmittelalterlicher Städte um den höchsten Kirchturm zu punkten.

1 | Einfach überragend – Cathédrale Notre-Dame

Karte: ▶ D 6 | **Tram:** Langstross/Grand'Rue

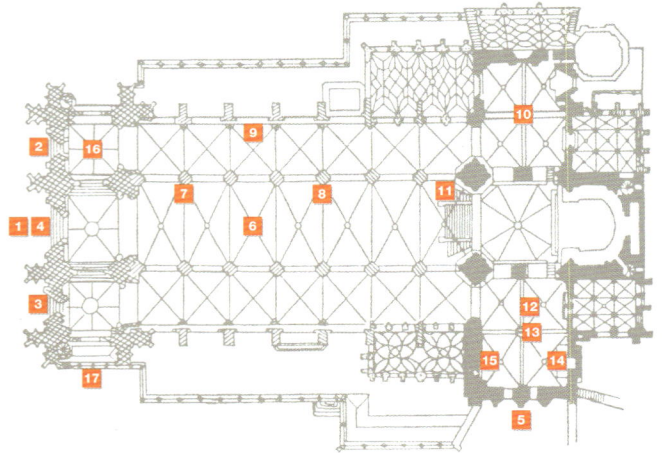

Gotik, Goethe, Gotteslob: Der Bekanntheitsgrad des Straßburger Münsters hat ihm sogar einen Stammplatz im Programm japanischer Europareisender beschert. Hoch reckt sich der eine Turm über »seine« Stadt. Dieses Meisterwerk der europäischen Gotik ist nicht nur einen Besuch, sondern eine extra Reise wert.

Nähert man sich der Kathedrale über die Rue Mercière, scheint die Kirchenfassade immer höher anzuwachsen, während die vierstöckigen Fachwerkhäuser nebenan zu baulichen Zwergen schrumpfen.

Deutsche Geistesgrößen des 18. Jh. besangen das Straßburger Münster hymnisch, Goethe schrieb: »Wie das festgegründete ungeheure Gebäude sich leicht in die Luft hebt; wie durchbrochen alles und doch für die Ewigkeit.« »Französisch« oder »deutsch«, lautete damals eine heiß diskutierte Frage. Die aktuelle Kunstgeschichte spricht ein salomonisches Urteil: Einflüsse aus verschiedenen Zentren der Gotik machen das Münster zu einer wahrhaft europäischen Größe.

Wie an fast allen Kirchen des Mittelalters wurde auch an dieser lange Zeit gearbeitet, und jede Generation tat dies im gerade vorherrschenden Stil. Die Bauzeit des Münsters reicht von 1176, als ein verheerender Brand einen Neubau erzwang, bis ins Jahr 1439, in dem der Kölner Baumeister Johannes Hultz der Fassade in 142 m Höhe die spätgotische Turmspitze aufsetzte. Und tief unten, unsichtbar in der Erde, bestimmen noch die Grundmauern des romanischen Vorgängerbaus große Teile der Kirchenanlage: Kostenminimierung im Mittelalter.

Eine Harfe aus Stein

... hat Karl Friedrich Schinkel die **Westfassade** 2 mit ihren drei Figurenportalen, der exquisiten 16-teiligen Fensterrose und den filigranen Maßwerkpartien darüber genannt. Für die 1277 begonnenen unteren Partien zeichnet der berühmte Baumeister Erwin von Steinbach verantwortlich. Das Thema des Tympanons am **nördlichen Nebenportal** 2 ist die Jugend Christi, die Gewändestatuen stellen die Tugenden und Laster dar. Wie eine feine Damengesellschaft mit einem Herrn wirken die Klugen und Törichten Jungfrauen am **südlichen Nebenportal** 3. Der Versucher vorne links, von Angesicht ein schöner Adliger aus dem 13. Jh., zeigt auf seiner mit Kröten und Schlangen besetzten Kehrseite, wer er in Wahrheit ist.

Den größtenteils leseunkundigen Gläubigen jener Zeit führten die Skulpturenprogramme der Kirchen die Geschehnisse der Bibel wie mittelalterliche Comicstrips plastisch vor Augen. So auch am **Hauptportal** 4: Die Gewändestatuen sind die Propheten des Alten Testaments, im Tympanon wird von Jesus' Einzug in Jerusalem (links unten) bis zu seiner Himmelfahrt (oben) erzählt.

Synagoge und Ecclesia

Ungleich berühmter ist das um 1220/ 1230 entstandene **Südportal** 5 und hier besonders die beiden flankierenden Statuen der Ecclesia, Verkörperung der siegreichen Kirche, und der Synagoge, Verkörperung der jüdischen Religion. Die zerbrochene Lanze, die zu Boden gleitenden mosaischen Gesetzestafeln und die Blindheit suggerierende Augenbinde sind sprechende Zeichen des kirchlichen Antisemitismus jener Zeit. Heutige Betrachter spricht jedoch die Verliererin dieses Glaubenswettstreits durchweg mehr an. Ob der

Tympanon des Südportals: Kaum auferstanden, geht es ab in den Höllenschlund

Technik und Glauben: die Astronomische Uhr

unbekannte Bildhauer diese Wirkung wohl beabsichtigt hat?

Himmelhoch strebend

… dies fällt so manchem ein, der das über 30 m hohe, lichte **Langhaus** 6 betritt. Es wurde im Stil der großen französischen Kathedralen nach nur 30 Jahren Bauzeit 1275 vollendet. Bündel zarter Säulen ummanteln die Pfeiler und helfen, das Gewicht der Gebäudemassen zu tragen.

Die **Orgel** 7 ist so gigantisch, dass sie selbst unter dem hohen Gewölbe wie eingequetscht wirkt. Hinter das bunt bemalten Orgelgehäuse von 1385 hockte einst der »Roraffe«, ein launiger Geselle, der den Gläubigen unten im Kirchenschiff Frechheiten und Obszönitäten zurief. Gegen solche Auswüchse spätmittelalterlicher Religionspraxis predigte 1478–1519 der berühmte Humanist Geiler von Kaysersberg. Ihm zu Ehren meißelte Hans Hammer die **Kanzel** 8, fein wie ein Spitzentuch. Am Aufgang hat er Geilers kleinen Hund dargestellt, der der Legende nach während der Pre-digten seines Herrn geduldig schlief. Bunte Lichtbündel fallen durch die mittelalterlichen Glasfenster ein, so durch den **Zyklus der deutschen Kaiser und Könige** 9 im nördlichen Seitenschiff, ein besonders kostbarer Schatz des Straßburger Münsters.

Zurück durch die Zeit

Geht man durchs Langhaus zu Querhaus und Apsis vor, bewegt man sich in der Baugeschichte rückwärts. Am nördlichen **Querschiff** 10 begannen die Straßburger 1176 mit dem Neubau. Die robusten Säulen und die kompakteren Baumassen machen im Vergleich zum Langhaus das so ganz andere Raumgefüge der Spätromanik spürbar.

Noch weiter in die Zeiten zurück führt der Weg hinunter in die **Krypta** 11, deren archaische Würfelkapitelle und Säulen bis ins 11. Jh. hineinreichen.

Engelspfeiler und Astronomische Uhr

Blickfang Nummer eins im **südlichen Querschiff** 12 ist der von schlanken

Statuen ummantelte zentrale Pfeiler, **Engelspfeiler** 13 genannt. Über den vier Evangelisten blasen vier Engel die Trompeten des Jüngsten Gerichts, darüber thront Christus als Weltenrichter, umgeben von drei weiteren Engeln. Anmutige, lebensecht wirkende Gebärden, Gewänder in feinem Faltenwurf, überschlanke Körper: So formvollendet, mit einem Meisterwerk gleich am Beginn, kündigte sich um 1225 der neue, in der Ile de France entstandene Stil der Frühgotik an.

Blickfang Nummer Zwei ist die **Astronomische Uhr** 14. Dieses Wunderwerk der Technik des 16. Jh. zeigt u. a. die Mondphasen, das kopernikanische Planetarium mit den Tierkreiszeichen, Wochentage und den Jahreskalender. Seine zahlreichen Figuren sind sich bewegende Automaten. So zieht jede Viertelstunde eins der personifizierten vier Lebensalter vor dem Sensenmann vorbei, der die vollen Stunden schlägt. Für den berühmten Apostelumgang wird die Kathedrale mittags geschlossen, gegen Eintritt kann man dann sehen, wie die zwölf Apostel vor dem segnenden Christus vorbeiziehen.

Ein wenig im Verborgenen befindet sich dagegen die **Männerbüste** 15 oben auf der Sängerempore. Stellt sie Hans Hammer, Dombaumeister anno 1486, einen seiner Konkurrenten oder einen ungläubigen Thomas dar, der darauf wartet, dass der Engelspfeiler zusammenbricht? Eine alte Sage erzählt, in der Johannisnacht stiegen alle Baumeister aus ihren Grüften und betrachteten das von ihnen geschaffene Werk.

Hoch hinaus

329 Stufen führen im Münster nach oben. Durch ein Labyrinth aus Dächern, Strebebögen und Statuen geht es hinauf zur windumtosten Plattform in 66 m Höhe. Nach hier oben dringt der Lärm der Domplatte nur gedämpft hinauf. Über das Dachpfannenmeer der Stadt erblickt man in der Achse des achteckigen Vierungsturms das Europaparlament, im Westen die Vogesen. Der 142 m hohe **Turm** 16 war bis zur Vollendung der Hamburger Nicolaikirche 1874 der höchste der Christenheit.

Übrigens: Man kann sogar mit Blick auf die Kathedrale wohnen. Die Zimmer mit *vue de la cathédrale* im Hotel Cathédrale (s. S. 90) oder im Hotel Suisse (s. S. 90) kosten natürlich etwas mehr. Auch darf man sich nicht daran stören, dass die Münsterglocken von 7 Uhr morgens bis 10 Uhr abends ganz schön laut die Stunden läuten.

Praktische Infos zur Kathedrale
Pl. de la Cathédrale, www.cathedrale-strasbourg.fr
Öffnungszeiten Münster: Tgl. 7–11.20, 12.40–19 Uhr, Sonntagmorgen wegen Messe keine Besichtigung.
Astronomische Uhr: Tgl. 11.20 Uhr Einlass Südportal, Mo–Sa 12 Uhr thematischer Film, 12.30 Uhr Durchgang der Apostel, Eintritt 2 €, So kostenlos.
Besteigung der Plattform 17:
April–Sept. 9–19.15 Uhr, Juli/Aug. Fr, Sa bis 21.45 Uhr, Okt.–März 10–17.15 Uhr (sehr voll am Wochenende!), Eintritt 5 €.

Zurück zu den Originalen
Im **Musée de l'Œuvre Notre-Dame** (s. S. 34) werden diejenigen originalen Münsterstatuen vor der Witterung geschützt, die den Bilderstürmern der Revolution entgangen sind. Die heutigen Skulpturen am Bau sind Kopien oder freie Nachschöpfungen aus dem 19. Jh.

Karte: ▶ D 6 | **Tram:** Langstross/Grand'Rue

Das stets gedrängt volle Zentrum des touristischen Straßburg breitet sich im Schatten des Münsters aus. Tatsächlich tragen die wechselnden Lichtverhältnisse viel zu seiner Atmosphäre bei. Fliegende Händler, Souvenirläden und Terrassencafés stehen im Dienst der Besucher aus aller Welt.

Abends, wenn die Fassade der **Cathédrale Notre-Dame** 1 im goldgelben Licht erstrahlt, hat der Platz eine feierliche, nahezu unwirkliche Atmosphäre. Tagsüber ist er ein geschäftiger Treffpunkt von Schülerklassen und Reisegruppen, während man die Straßburger meist daran erkennt, dass sie ihn zielstrebig überqueren. Herden von Plüschstörchen, dem Wappentier des Elsass, und Batterien von Postkarten von Han-

si, dem »Nationalmaler« des Elsass, dekorieren die Andenkenläden. Werden sie je gekauft? Sie werden.

Reizende Details

Um die Bogenfenster der **Pharmacie du Cerf** 2 an der Ecke zur Rue Mercière ranken sich spätmittelalterliche Skulpturen. Die Drachenmama, die ihr Junges zart im Maul hält, belegt die Vorliebe dieser Zeit für das Skurrile und Fantastische. 2000 geschlossen, war die seit 1260 hier ansässige Apotheke eine der ältesten Europas. »d'Büchmesser« nannten die Straßburger die Ecksäule, will heißen, wessen Bauch nicht mehr durch den Raum zwischen Säule und Mauer passte, sollte besser Diät machen. Heute werden unter den gotischen Gewölben und Fresken des elsässischen Historienmalers Leo Schnug (1878–1933) Karten für beinahe alle Straßburger Kulturveranstaltungen verkauft (Boutique Culture, s. S. 104).

Straßburgs schönstes Fachwerkhaus?

Es kann nur eins geben, und das ist das **Maison Kammerzell** . Auf einem steinernen Untergeschoss von 1467 ruhen mehrere Fachwerkgeschosse aus der Renaissance von 1589. Der überbordende Schnitzschmuck zeigt an der zum Münster gerichteten Fassade unter den Fenstern die Tierkreiszeichen, zwischen den Fenstern im 1. Stock die »Fünf Sinne« und darüber die »Menschenalter«. Die Westseite schmücken unter den Fenstern 15 »Musikanten«, zwischen den Fenstern die »Neun Helden und Heldinnen« und am Eckpfosten die drei göttlichen Tugenden »Glaube, Liebe, Hoffnung«.

Jedes Geschoss kragt ein wenig mehr vor, die übliche Bauweise in den beengten Platzverhältnissen des mittelalterlichen Straßburg. Wer dem Ganzen auf den Grund gehen möchte, sucht am Südportal des Münsters, in etwa 2 m Höhe hinter der Statue des Erwin von Steinbach, eine in einen Stein eingelassene **gotische Inschrift** 4: »Dis ist die Mase des Überhanges.« Seit 1298 betrug das erlaubte Maß, um das 1. und 2. Stock jeweils übers Erdgeschoss vorragen durften, genau 90 cm!

Das Restaurant im Maison Kammerzell ist zwar nicht ganz so alt wie das Gebäude selbst, aber seit etwa drei Jahrzehnten gilt es als eine Ikone der Straßburger Esskultur mit stets gleichbleibender Qualität. Der Gastronom Guy-Pierre Baumann – er besitzt noch weitere Restaurants und Hotels in Straßburg – war Ende der 1970er-Jahre der Erste, der auf das traditionelle elsässische Sauerkraut nicht Würste und Fleisch, sondern Fisch legte. Eine »unelsässische Schande« sei das, schrieb ihm damals der Conseil Regional, der Regionalrat. Heute sieht man das natürlich viel lockerer.

Selbst beim Essen gibt es im Maison Kammerzell noch was zu sehen: Fresken Leo Schnugs schmücken die Wände, im gotisch überwölbten Erdgeschoss das

Speisen in historischem Ambiente: Maison Kammerzell

Wie eine Laterne in der Nacht leuchtet das Maison Kammerzell

Narrenschiff frei nach Sebastian Brant, dazu so aufmunternde Themen wie Henkersmahlzeit und Tantalus in den Fängen des Alkoholismus. In den oberen Stockwerken geht es mit dörflichen Szenen eher burlesk als schwermütig zu.

Freiheit, Gleichheit, Brüderlichkeit

Das bunte Aushängeschild der **Antiquités Bastian** 5 zeigt die Kathedrale, kurioserweise mit einer roten Zipfelmütze bedeckt. Darüber verdreht sich der Bronzekopf des einstigen Bewohners Jean-Michel Sultzer in Richtung Münster. Jean-Michel wer? Man schreibt das Jahr 1794. Eifrige Revolutionäre haben das Münster in einen »Tempel der Vernunft und des Höchsten Wesens« umgewidmet. Dennoch fordern sie den Abriss des »steinernen Monsters« – es bedrohe, revolutionär betrachtet, die Gleichheit. Sultzer, seines Zeichens Kunstschmied, schlägt vor, den anstößigen Turm mit einer 10 m hohen, knallroten Jakobinermütze zu verhüllen. Setzt den Vorschlag in die Tat um. Und rettet damit den Turm.

Musée de l'Œuvre Notre-Dame 6

Auf der Südseite der Kathedrale setzt sich die Place de la Cathedrale in die als Parkplatz genutzte Place du Château fort. Das Frauenwerkmuseum, hervorgegangen aus der Dombauhütte, ist ein Bonbon für jeden Kunstliebhaber, zeigt es doch nicht nur die Originalskulpturen des Doms, sondern auch eine exquisite, chronologisch geordnete Sammlung oberrheinischer Kunst vom 11. bis 17. Jh.

Neben dem kostbaren Glasbild des »Christus von Weißenburg« bildet die Rekonstruktion des Kreuzgangs von Eschau den Höhepunkt der romanischen Abteilung. Im großen Saal der gotischen Originalskulpturen des Münsters kann man u. a. die zwölf tapsigen Löwen vom Wimperg des Hauptportals oder Ecclesia und Synagoge vom Südportal en detail studieren. Den Schwerpunkt des Museums bildet die sog. Rheinische Schule des Spätmittelalters. Highlights sind hier die Werke des Basler Malers Konrad Witz (um 1400–1446), die Glasbilder des Straßburgers Peter Hemmel von Andlau (tätig um 1447–1505) sowie die ausdrucksstarken, physiognomisch genau herausgearbeiteten Büsten des niederländischen Bildhauers Nikolaus Gerhaert von Leyden, der von 1463 bis 1467 im damaligen Kunstzentrum Straßburg arbeitete.

Rätselhaft-schlicht und meisterhaft ausgeführt – die Stillleben des Straßburger Malers Sebastian Stoskopff (1597–1657) ziehen den Betrachter unwillkürlich in ihren Bann. Hauchdünne Gläser, funkelnde Pokale und Erdbeeren zum Anbeißen scheinen ein sinnliches Fest des Lebens zu feiern und sind doch auch ein allegorisch-moralisierendes Memento mori.

Letzte Ruheoase

An dem stillen Gässchen der Passage Hans Haug, so benannt nach dem langjährigen Museumskurator, liegt ein rekonstruierter mittelalterlicher **Kräutergarten** 7 . Das Renaissance-Fachwerkhaus an der Ecke – es gehört wie der Garten zum Musée de l'Œuvre Notre-Dame – wurde 1930 Balken für Balken von der rue d'Or hierher versetzt.

Mit Betreten der Rue du Maroquin, der einstigen Schusterstraße, hat die Beschaulichkeit ein Ende. In den schmalbrüstigen Fachwerkhäusern aus dem 16. bis 18. Jh. reiht sich Winstub an Winstub und Touristenströme flanieren über das holprige Pflaster.

Speisen im Maison Kammerzell

Die regionale Küche hat kulinarische Ambitionen und ist trotz der touristischen Location nicht zu teuer. Im Sommer sitzt man mit Kathedralblick draußen (16, pl. de la Cathédrale, Tel. 03 88 32 42 14, www.maison-kammerzell.com, tgl. 11.30–14.30, 19.30–23 Uhr, Hauptgericht ca. 22 €).

Café mit Blick – für die kleine Pause zwischendurch

Gleich neben der Pharmacie du Cerf hat eine Reihe von Eis(-Cafés) ihre Tische auf das ehrwürdige Pflaster des Kathedralplatzes gestellt.

Öffnungszeiten des Musée de l'Œuvre Notre-Dame

3, pl. du Château, Di–So 10–18 Uhr, Eintritt 6,50 €.

Traditionsgeschäfte

Auf der Nordseite der Kathedrale bieten sich zahlreiche Möglichkeiten zum kultivierten Einkauf. Die **Vitrines d'Alsace** 1 gleich neben der Touristeninformation bieten elsässische Souvenirs wie Tischdecken, Obstbrände, Porzellan, Glas und Spindler-Intarsienbilder an (18, pl. de la Cathédrale, Mo–Sa 10–19 Uhr).

Das kleine, feine Antiquariat **Ancienne Librairie Gangloff** 2 hat sich auf »Alsatica« spezialisiert und verkauft Bücher ab dem 16. Jh., ja auch Inkunabeln. Wie man sich vorstellen kann, ist das nicht billig. Das Schaufenster allein ist ein kleines Museum. Es werden auch Expertisen angefertigt (20, pl. de la Cathédrale, Di–Fr 10–12, 14–19, Sa 10–12, 14–18 Uhr). Kostbare, kostspielige Antiquitäten mit Expertise bekommt man bei **Antiquités Bastian** 5 (24, pl. de la Cathédrale, Mo 14.30–19, Di–Fr 10–12, 14.30–19, Sa 10–12, 14.30–18 Uhr).

Nicht ohne meinen Hut: Die **Chapellerie Medernach** 3 ist eine wahre Bastion der Tradition und verkauft Kopfbedeckungen aller Art (27, pl. de la Cathédrale, Mo–Sa 9.30–19 Uhr).

3 | Wie im Schlaraffenland – die Rue des Orfèvres

Karte: ▶ D 5/6 | **Tram:** Langstross/Grand'Rue

Wer die Wahl hat ... Diese Straße sendet Lockrufe an Gourmets und Gourmands aus. Deftige Wurstwaren, edle Gänseleberpasteten, fruchtige Pâtisserie, aromatische Käselaibe sind kunstvoll und äußerst appetitanregend in den Schaufenstern dekoriert. Oder treiben die dazwischengestreuten Modegeschäfte figurbewussten Besuchern jedmöglichen Gedanken an Völlerei aus?

In dieser schmalen Straße der Fußgängerzone nördlich der Kathedrale ziehen kulinarische Köstlichkeiten so sehr die Blicke auf sich, dass man kaum einmal nach oben schaut. Das ist schade, denn im 18. Jh., dem Goldenen Zeitalter der Goldschmiedekunst, ließen sich die Granden dieser einflussreichen Zunft hier ansehnliche Häuser bauen.

Gänseleber

Seit 1852 stellen fünf Generationen von Traiteurs der Familie Bruck *foie gras* her, die Leitspeise der gehobenen elsässischen Küche. In der gemütlichen kleinen **Boutique du Gourmet 1** wird man fachmännisch beraten, was ihre unterschiedlichen Formen angeht. *Foie gras entier*, die ganzen, etwa 1 Pfund schweren Gänse- oder Entenlebern, sind das Ausgangsprodukt. Damit sie schmecken, muss man sie noch braten. Zum Mitnehmen eignet sich eher die zubereitete, d. h. gesalzene, gewürzte und gekochte *foie gras en bloc*. Frisch schmeckt sie am besten, hält sich gekühlt bis zu drei Wochen. *Semi-conservé*, d. h. im Glas, ist sie auch lecker und gekühlt bis zu neun Monate haltbar. *En conserve*, in der Konserve, ist schon viel Aroma verlorengegangen, dafür hält sie sich allerdings ungekühlt etwa vier Jahre. Dann gibt es sie noch in Blätterteig oder Gelee, mit oder ohne Trüffel, rund oder trapezförmig ...

Wohnen im alten Straßburg

Ein schmaler Eingang bei Hausnummer 24, den man leicht übersieht, führt in einen von Fachwerkhäusern des 14.–17. Jh. umgebenen **Innenhof** **1**. Er ist typisch für die damalige Wohnsituation, denn nicht alle Häuser in der stark parzellierten Innenstadt hatten einen eigenen Straßenzugang. Ein Graveur, ein Antiquariat für ausgesuchte alte Bücher sowie ein kleiner Antiquitätenladen bieten die passenden Dinge für diese stille, kleine Hinterhofwelt an. Gegenüber liegt das 1739 errichtete Haus **Zum Goldenen Weltspiegel** **2** mit einer passenden Türvignette – früher hatten die Häuser keine Nummern.

Wein zur Wurst

Bei **Nicolas** **2** bekommt man den passenden Wein, ob einen Gewürztraminer zur Gänseleber oder einen Riesling zum Presskopf, ob aus dem Elsass oder anderen französischen Anbaugebieten, ob zu 5 oder 200 €! Beim Verdauen helfen die hochprozentigen Obstbrände. Hinter der langen Fassade daneben liegt das Fleischimperium von **Frick-Lutz** **3**. Es entstand 1830 aus der Heiratsfusion der Metzgerwitwe Frick von Nr. 14 mit dem Metzger Lutz von Nr. 16. Über 60 Gesellen bereiten heute Wurst und Pasteten, Gänseleber und geräucherte Waren, Choucroutes und gefüllte Spanferkel zum Mitnehmen, die dunkle Elsässer Blutwurst und Straßburger Knackwürste zu. Den **Hauseingang von Nr. 14** **3**, im 18. Jh. Heim des berühmten Goldschmieds Jacques-Henri Alberti, schmückt ein reizendes Rokokorelief mit Störchen.

Lust auf Süßes

Die linke Straßenseite gehört den salzigen Delikatessen, die rechte den süßen. In den großen Fenstern der grauen Holzfassade von Patissier und Traiteur **Naegel** **4** warten verführerisch aussehende Obst- und Schokotörtchen, duftige Croissants und Brioches, aber auch Pizzen, Sandwiches und Quiches auf ihre Käufer. Sie müssen nicht lange warten, denn das 1927 gegründete Unternehmen ist eine Straßburger Institution, die Kunden stehen fast immer Schlange.

Die Wappen elsässischer Städte hängen über der Rue des Orfèvres

Edel, eher leer und streng in Grautönen gehalten ist die kleine Boutique von **Chocolat Weiss** 5. Auch sie ein Traditionsbetrieb, 1882 gegründet. Bis zu 85 % Kakao enthalten die dunklen Köstlichkeiten des passionierten Chocolatiers, die ohne Konservierungs- und Farbstoffe auskommen.

Alles Käse?

Es müffelt bis auf die Straße aus dem Käseladen **Maison Lorho** 6. Käseveredler Cyrille Lorho würde es lieber duften nennen, was seine knapp 200 Käsesorten so von sich geben. Entgegen dem deutschen Sprichwort »Käse schließt den Magen« kommt der *fromage* in der französischen Speisenfolge nach dem Fleischgericht und vor dem Dessert. Zur Auswahl stehen pfundsschwere Laiber aus Rohmilch, sorgfältig per Hand auf den Almhöfen der Vogesen hergestellter *Munster fermier* oder kleine, mit Blauschimmel überzogene Ziegenkäse.

Feines vom Meisterpatissier

Die Rue des Orfèvres führt auf die 1877 im neoromanischen Stil errichtete Kirche **Temple Neuf** 4. Sie birgt eine prunkvolle historische Ausstattung und die Grabplatte des Predigers Johannes Tauler, der 1361 starb. Ein paar Schritte auf der Rue du Temple Neuf führen zu Thierry Mulhaupts Süßwaren- und Schokoladenboutique **Epice et Chocolat** 7. Mulhaupt, mit etlichen Kulinaria-Preisen bedacht, ist ein wahrer Künstler, seine Kreationen sind Gaumen- und Augenschmaus zugleich. Kein Wunder, er studierte an der Kunsthochschule und malt. Sein Laden zeichnet sich durch edles, zurückhaltendes Design aus. Hier bekommt man feinste Gewürze, Tee, eingelegte Früchte, Schokolade mit Szechuan-Pfeffer, Minigugelhupfs mit Gewürztraminer oder den berühmten Honigkuchen, eine zeitgenössisch interpretierte verfeinerte Variante des Straßburger Traditionsgebäcks.

Die Adressen

La Boutique du Gourmet 1: 26, rue des Orfèvres, Mo 14.30–18.30, Di–Sa 9–12, 14.30–18.30 Uhr.

Tram Langstross-Grand'Rue · **Place de la Cathédrale**

Nicolas 2: 18, rue des Orfèvres, www.nicolas.com, Mo 14.30–18.30, Di–Fr 9–19, Sa 9–18.30 Uhr.
Frick-Lutz 3: 16, rue des Orfèvres, www.frick-lutz.fr, Mo 14.30–19, Di–Fr 8–19, Sa 7–18.30 Uhr.
Naegel 4: 9, rue des Orfèvres, http://maison-naegel.com, Di–Do 8.30–18.30, Fr 8–18.30, Sa 8–18 Uhr.
Chocolat Weiss 5: 7, rue des Orfèvres, www.chocolat-weiss.fr, Mo 13–19, Di–Fr 10–19, Sa 9.30–19 Uhr.
Maison Lorho 6: 3, rue des Orfèvres, www.maisonlorho.fr, Mo 15–19, Di–Do 9–19, Fr 8.30–19, Sa 8–19 Uhr.
Boutique d'Epice et Chocolat 7: 5, rue du Temple Neuf, www.mulhaupt.fr, Di–Fr 10–12.30, 13.30–18.30, Sa 9.30–12.30, 13.30–18 Uhr.

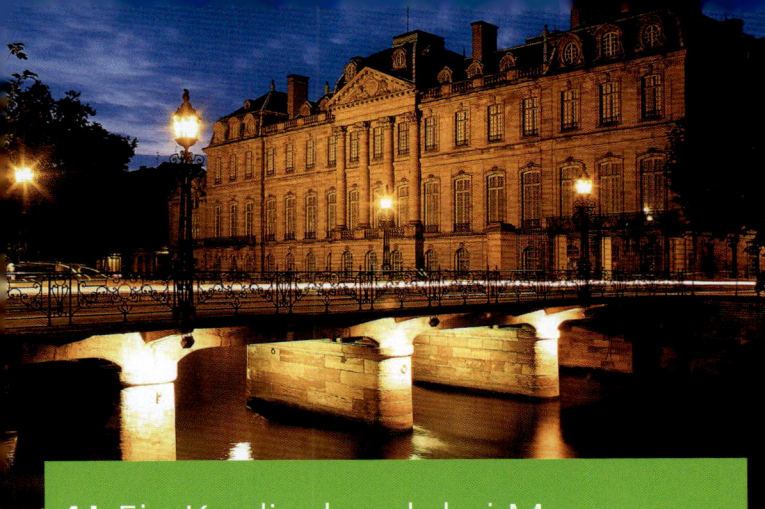

4 | Ein Kardinal und drei Museen – der Palais Rohan

Karte: ▶ D 6 | **Tram:** Langstross/Grand'Rue

Im 18. Jh. gehörte Straßburgs prachtvollstes barockes Stadtpalais Straßburgs höchstem Kirchenherrn, dem Kardinal Rohan. Heute bietet es gleich drei Museen – dem Archäologischen Museum, dem Kunstgewerbemuseum und dem Gemäldemuseum – einen stilvollen Rahmen.

Das **Palais Rohan** 1, das Schloss der Kardinäle von Rohan, ist eine prunkvolle Dreiflügelanlage um einen Innenhof, 1727–1742 von den Pariser Modearchitekten Robert de Cotte und Joseph Massol im Régence-Stil errichtet und verschwenderisch mit Gemälden, Stuck und kostbaren Möbeln ausgestattet. Aus Platzmangel gab es keinen Garten, sondern eine Terrasse zur Ill hin. Wer heute von hier auf den Fluss schaut, mag sich ein paar Augenblicke in der Illusion wiegen, neben dem bezopften Hofstaat der renommierfreudigen Kirchenfürsten zu stehen.

Eine verhängnisvolle Affäre

Am Vorabend der Französischen Revolution, im Jahre 1785, spielte einer von ihnen, der Kardinal Louis René de Rohan-Guéméné, in der sog. Halsbandaffäre eine unrühmliche Hauptrolle. Der leichtlebige und offenbar auch leichtgläubige Kirchenfürst ließ sich von der Hochstaplerin Jeanne de la Motte-Valois nicht nur ins Prunkbett, sondern auch zu der fälschlichen Annahme verführen, die Königin Marie Antoinette höchstpersönlich werde ihm ihre Gunst gewähren, wenn er ihr ein mit 1,6 Mio. Livres sündhaft teures Diamantkollier kaufe. In Wahrheit verabscheute Maria Theresias Tochter den Kardinal – und hatte das Schmuckstück schon mehrfach als zu teuer zurückgewiesen. Als die falsche Madame Jeanne die Diamanten einzeln in London verscherbelte, platzte der ungeheure Schwindel. Der Kardinal wurde freigesprochen, die Betrügerin öffentlich gebrandmarkt. Den schwersten Schaden aber nahm das Königtum, das durch diese Affäre seinen Untertanen noch verhasster wurde. Wenige Jahre später fielen die königlichen Köpfe unter der Guillotine.

Musée de l'Archéologie 2

Kleine Aufgeregtheiten sind das in den Dimensionen der Geschichte. Das Archäologiemuseum, eins der bedeutendsten Frankreichs, zeigt im Untergeschoss des Palais Rohan Funde aus dem Elsass von etwa 600 000 v. Chr. bis 700 n. Chr. Besonders in gallorömischer Zeit lebten die Elsässer recht luxuriös, wie importierte Gläser und Terra Sigillata aus der elsässischen Produktionsstätte Heiligenberg bezeugen. Die originalen keltischen Stelen des Donon-Heiligtums, die eigenartigen Hausgrabsteine der Kultur der Vogesensiedlungen und die Rekonstruktion des Mithras-Heiligtums von Straßburg-Königshofen sind

absolute Hingucker. Schauer erwecken die merowingischen Schädel mit absichtlich herbeigeführten Deformationen und die Schädel mit tödlichen Verletzungen aus den »dunklen Zeiten« des frühen Mittelalters. Zwei Ausstellungen pro Jahr machen die Öffentlichkeit mit den neusten Funden der elsässischen Archäologen vertraut.

Musée des Arts Décoratifs 3

Das Kunstgewerbemuseum im Erdgeschoss des Palasts umfasst zwei Abteilungen: die Staatsgemächer (Grands Appartements) der Rohan-Bischöfe, ausgestattet mit allem barocken Pomp, sowie das eigentliche Kunstgewerbemuseum mit dem Schwerpunkt 18. Jh.: Möbel, Goldschmiedeerzeugnisse, Zinn, Tafelsilber und Hannong-Porzellan aus den Werkstätten Straßburger Meister. Auch Bezüge zum Münster um die Ecke finden sich hier: der Originalhahn der ersten astronomischen Uhr von 1352 sowie Originalteile der heutigen Uhr.

Palais Rohan, Musée des Beaux-Arts, Raffaels »Porträt einer jungen Frau«

Musée des Beaux-Arts [4]

Im Museum der Schönen Künste hängen Meisterwerke der europäischen Malerei vom 14. bis zum 19. Jh.: Giotto, Goya, Caravaggio, Rubens, van Dyck – alles, was Rang und Namen hat, ist versammelt. Die Stilllebensammlung mit alten holländischen Meistern des 17. Jh. ist, gerade auf dem Hintergrund der gastronomischen Potenz Straßburgs, ein besonderer Leckerbissen. Geheimnisvoll lächelt die »Schöne Straßburgerin« von Nicolas de Largillière (1703) unter einem wahrhaft exzentrischen Dreispitzhut, was ihr den touristenwirksamen Namen »elsässische Mona Lisa« einbrachte.

Öffnungszeiten

Die drei Museen des Palais Rohan: 2, pl. du Château, www.musees.stras bourg.eu, Mi–Mo 10–18 Uhr, Eintritt 6,50 €.

Für den Hunger zwischendurch

Bistrot et Chocolat [1]: Viele junge Leute sitzen auf der Terrasse oder im gemütlichen, an die 1950er-Jahre gemahnenden kleinen Innenraum. Spezialität ist der Brunch Sa und So von 10–16 Uhr. Auf einem Brett werden 12,50–26,50 € teure Zusammenstellungen von Salzigem und Süßem im kleinen Glas serviert, z. B. Pflaumen-Zimt-Joghurt, Mousse au Chocolat, Œuf Cocotte oder Artischockensalat, stets inklusive Fruchtsaft und Kaffee. Den Rest der Woche gibt's die schmackhaften Kleinigkeiten einzeln, dazu Biosäfte, Bioweine, Salate, Suppen, Kaffee und Tee (8, rue de la Râpe, Tel. 03 88 36 39 60, Mo–Do 11–19, Fr 11–21, Sa 10–21, So 10–19 Uhr).

Wie im Palais Rohan

Bei **Antiquités Richard** [1] findet man ein museumsgleich anmutendes Sammelsurium käuflicher Altertümer: alte Schokoladenformen, aufgespießte Käfer und in Formalin eingelegte Kaulquappen aus botanischen Sammlungen, ausgestopfte Krokodile und Lingams, die wissbegierige Forscher des 19. Jh. einst aus fernen Ländern mitbrachten, Leuchter, Barockmöbel, Puppen und viele weitere neugierig machende Kuriositäten und Einzelstücke (1, Quai du Sable, Tel. 03 88 24 06 58, Di–Sa 9–12, 14–18.30 Uhr).

Um die Ecke

Nur aus Fenstern, gerahmt von rosigem Vogesensandstein, scheinen die drei Fronten des 1747 erbauten Hauses La Lanterne [5] zu bestehen. An der Ecke zur Rue des Veaux greift sich eine barocke Nischen-Madonna pathetisch ans Herz. Von 1780–1783 wohnte hier der berüchtigte Alessandro Cagliostro, Graf, Alchemist, Abenteurer u. v. m., der gern im roten Umhang auftrat, an jedem Finger einen dicken Ring. Um einen dieser Finger hatte er sprichwörtlich Kardinal Louis de Rohan gewickelt, der dem Scharlatan abnahm, ein Elixier ewigen Lebens herstellen zu können. Auch in der Halsbandaffäre soll er eine Rolle gespielt haben.

Karte: ▶ D 6 | **Tram:** Langstross/Grand'Rue

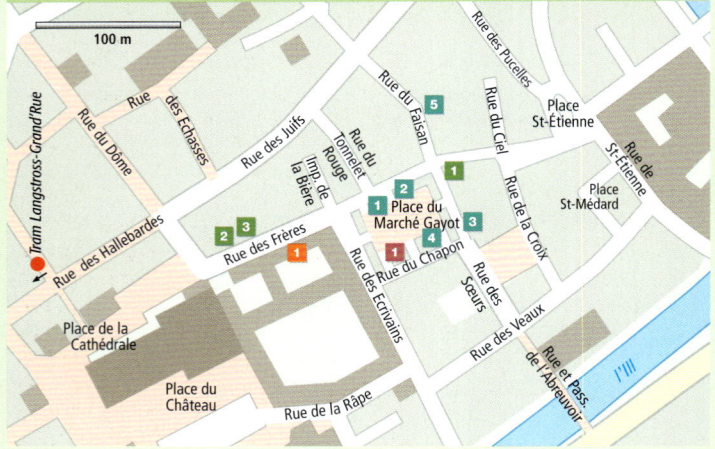

Im Sommer scheint der kleine Platz aus allen Nähten zu platzen, und auch im Winter muss Straßburgs jeunesse dorée nicht Kevin allein zu Haus spielen. Ob jazzig, kultig oder stylisch, die Bars und Boutiquen hier und in den angrenzenden Straßen Rue des Sœurs und Rue des Frères bilden ein entspanntes Szeneviertel.

Vier schmale Durchgänge führen von der Place du Marché Gayot auf die angrenzenden Straßen. Auf der Seite des **Cornichon Masqué** 1 ist das kopfsteingepflasterte, rechteckige Areal recht pittoresk: Fachwerkhäuser bilden den illustren Rahmen zu Tischen, Menü-Schiefertafeln und einigen Bäumen.

Der klobige ›Meteorit‹, Daniel Pontoreaus »Pierre troué«, setzt einen künstlerischen Akzent. Der Bildhauer und Land-Art-Künstler widmete ihn Jean Clareboudt, einem vor Jahren auf mysteriöse Weise verschwundenen Bildhauer. Wie vom Himmel gefallen wirkt die massige Skulptur, doch bei näherem Hinsehen entdeckt man die Spuren menschlicher Bearbeitung. Der ›Stein‹ ist auch kein Stein, sondern Gusseisen, das im Laufe der Jahre – 1992 wurde die Skulptur installiert – eine ockerfarbene Patina angenommen hat.

An Sommerabenden geht es hier hoch her, fast italienisch, wenn sich die Nachtschwärmer, darunter viele Studenten, dicht an dicht drängen.

Das maskierte Gürkchen

... ist so etwas wie die zentrale Institution hier, eine Kombination aus Resto und Treff, verwinkelt, eingerichtet mit flohmarktkompatiblem Krimskrams und viel Holz. Man kann »richtig« essen, ein Tagesgericht oder von der regional-klassisch orientierten Karte. Man hat aber auch die Möglichkeit, nur einen Wein oder ein Bier zu trinken.

Zur Seite der Rue des Frères hin liegen zwei weitere Urgesteine des Straßburger Nachtlebens: Im **Saxo**  schlürft man seinen Drink bei leiser Hintergrundmusik. Mahagoniholz, Aluminium, Backstein, Schwarz-Weiß-Fotos und gedämpftes Licht ergeben ein rustikal-schickes Ambiente, in dem sich ein durchweg über 30 Jahre altes Publikum vergnügt. Die Cocktails sind gut und recht günstig.

Auch im Tages- und Nachtcafé **Le Gayot** herrscht eine eher ruhige Atmosphäre, auf dem Klavier darf jeder Gast, der sich dazu berufen fühlt, herumklimpern. Beide Bars eignen sich eher dazu, mit Freunden ein Bier zu trinken und sich zu unterhalten, als heiße *soirées* zu feiern.

Flieger und Alchemisten

Für mehr Action geht man in die, wie sie sich selbst nennt, amerikanische Bar **Les Aviateurs**, eine der Mythen der Straßburger Nacht, die auch nach Jahrzehnten noch angesagt ist. Besonders hoch geht es zu später Stunde her. An den Wänden hängen Plakate und Fotos aus der namengebenden Luftfahrt, von der Decke zwei Flugzeuge. Das auch altersmäßig gemischte Publikum – Studenten und Parlamentarier, Künstler und Presseleute – amüsiert sich nach Kräften auf der Tanzfläche, deren Enge zur Kontaktaufnahme animiert.

Ruhiger geht es gegenüber in der Bar **L'Alchimiste** zu. Der Wirt, ein Fan von Fantasy-Rollenspielen, macht dies u. a. mit Zauberbüchern und einem großen, künstlichen Baum in der Theke deutlich. Eigentlich geht es aber um Cocktails, geschüttelt und gerührt, um die 8 €, und neben den üblichen Verdächtigen Waikiki und Bloody Mary gibt es auch so düster-geheimnisvolle Mischgetränke wie 666.

Trendtreff: die Place du Marché Gayot

Party

La Java 5 ist eine heiße, von Generationen von Studenten geprägte *barboîte* (Bar und Disco). Ein Blick auf die Website dieser Straßburger Standardadresse lohnt, die über Auftritte von Bands und die regelmäßigen Themenabende wie Soirée Etudiante oder Erasmus infomiert. Kult ist »Le Challenge du Barmann« am Dienstag, wenn verschiedene Studentenvereinigungen im Quiz gegeneinander antreten. Die Musik kennt nicht nur die Charts, sondern auch Rock, Indie, Hip-Hop und Jazz.

Das Europa der Biere

Hans Prinus 1 nennt seinen Bierladen zwar bescheiden Le Village de la Bière, aber die über 400 Biersorten sind geografisch wesentlich breiter gestreut. Für ihre Partys decken sich die Straßburger Studenten eher bei Aldi ein, aber wenn es etwas Besonderes sein soll – ein belgisches Starkbier, ein Himbeerbier, ein elsässisches Weihnachtsbier –, ist man hier richtig. Bestimmt hat jeder einen lieben Freund, dem er eins der Gläser mit der »Alsacienne sans culottes« mitbringen kann, der Elsässerin ohne Hose.

Individuell einkaufen

An den schmalen, von alten Häusern gesäumten Rue des Frères und Rue des Sœurs, die ihren Namen von den seit dem Mittelalter hier ansässigen Orden der Brüder und Schwestern erhielten, sowie im oberen Teil der Rue des Juifs finden sämtliche Stämme der Jugendkultur die passenden Ausstatter: Grunge, Indie, Funk, Gothic, Rollenspieler und alle Schattierungen dazwischen. Die hohen, abweisenden Mauern des **Grand Seminaire** 1, des einstigen Jesuitenkollegs, nehmen im unteren Bereich der Rue des Frères die gesamte südliche Straßenseite ein. Gegenüber reihen sich mehrere interessante kleine Geschäfte aneinander.

In der **Poterie d'Alsace** 2 gibt es die handgefertigten und bemalten elsässischen Tonwaren aus Betschdorf und Soufflenheim, authentisch, traditionell und auch mit etwas modernerer Formgebung. Seit 1860 bietet dieses Geschäft Baeckeoffe-Kasserolen und Kougelhopfformen, Krüge, Vasen und Schalen an.

Amethyste 3 verkauft seinem Namen getreu Mineralien, Schmuck und Fossilien. Dekorative Bergkristallstufen stehen neben extravagant geformten Muscheln und Schnecken, Ketten aus poliertem Lapislazuli wetteifern mit Ammoniten und anderen Millionen Jahre alten Versteinerungen.

Essen, Trinken, Tanzen

Le Cornichon Masqué 1: 17, pl. du Marché Gayot, Tel. 03 88 25 11 34, Di–Sa 12–14, 19–23 Uhr, à la carte ca. 25 €.

Le Saxo 1: 8, rue des Frères, Tel. 03 88 24 10 96, tgl. 11–3.30 Uhr.

Le Gayot 2: 18, rue des Frères, tgl. 11–1.30 Uhr.

Les Aviateurs 3: 12, rue des Sœurs, Tel. 03 88 36 52 69, www.les-avia teurs.com, tgl. 20–4 Uhr.

L'Alchimiste 4: 3, rue des Sœurs, Tel. 03 88 37 02 83, Di–Sa 21–4 Uhr.

Bar La Java 5: 6, rue du Faisan, www.lajava.net, Mo–Sa 20–4 Uhr.

Einkaufen

Hans Prinus 1: 22, rue des Frères, Mo 14–19.30, Di 10–12.30, 14.30–19.30, Sa 10–19.30 Uhr.

Poterie d'Alsace 2: 3, rue des Frè res, www.poterie-alsace-strasbourg.eu, Mo 14–19, Di–Sa 10–19 Uhr.

Amethyste 3: 3, rue des Frères, Di–Fr 13.30–19, Sa 10–12, 13–19 Uhr.

Karte: ▶ D / E 5/6 | **Tram:** Porte de l'Hôpital

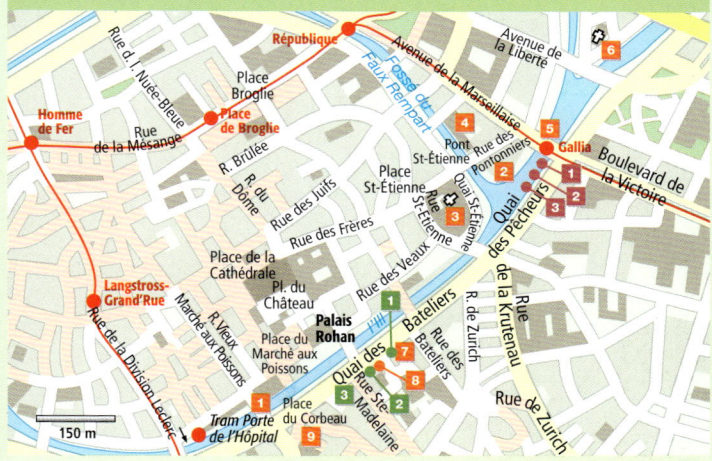

Und ewig fließt die Ill: unter dem Pont du Corbeau durch, wo früher der Scharfrichter waltete, an den bunten Fachwerkfassaden am Krutenau-Ufer entlang, um die Café-Schiffe des Quai des Bateliers herum. Galerien, Boutiquen, kleine Läden laden zum Stöbern ein.

Der Spaziergang von etwa einer Stunde beginnt an der Pont du Corbeau, führt am nördlichen Ill-Ufer zum Pont Royal und am südlichen Ufer über Quai des Pêcheurs und Quai des Bateliers wieder zurück. Unter dem **Pont du Corbeau** ■, der Rabenbrücke, von der einst Kindsmörderinnen, Vatermörder und ehebrecherische Frauen ertränkt wurden, beginnt unmittelbar am Ufer ein romantischer Weg. Canisites für die Bedürfnisse der Stadthunde flankieren ihn. Unter den Brücken muss man den Kopf einziehen und ansonsten aufpassen, dass man nicht ins Wasser fällt, denn es gibt kein Geländer.

Was für Blicke!

Von diesem Ufer, etwa von der Terrasse unterhalb des Palais Rohan, hat man den besten Blick auf die gegenüberliegenden Häuser aus der Zeit zwischen dem 16. und 19. Jh. Über bunten Fachwerkfronten erheben sich steile, teils gehörig schiefe Dächer aus den straßburgtypischen roten Biberschwanz-Dachpfannen. Ganze Batterien von Gaubenfenstern, französisch *chiens assis*, sitzende Hunde, verleihen dieser Dachlandschaft ein herrlich unregelmäßiges Aussehen.

Ein weitläufiges Panorama ergibt sich an der Einmündung des Faussée

45

Schönster Ort, um Kaffee zu trinken: die Deckterrassen des Le Rafiot

du Faux Rempart in die Ill. Schwäne dümpeln auf den Wellen, die die niedrigen Ausflugsboote hinterlassen, Weiden senken ihre Äste gen Wasser. Das siebenstöckige, mit Säulen geschmückte neoklassizistische Mammutgebäude gegenüber am Wassereck wurde 1935 als Sitz der **ESCA** 2, (einer Versicherungsgesellschaft) errichtet und ist heute ein begehrtes Apartmenthaus.

Über dem Quai St-Etienne ragt die romanische Apsis der Kirche **St-Etienne** 3 auf. Man muss jetzt kurz den Uferweg verlassen und über den Pont St-Etienne und die Rue des Pontonniers zum Pont Royal gehen. Das verschwenderisch mit Erkern, Zinnengiebeln und Türmen versehene Gebäude wurde 1905 als **Lycée International** 4 in einem verspielten, für die

Zeit typischen Stil zwischen Neogotik und Neorenaissance errichtet.

Auch vom **Pont Royal** 5 hat man einen einzigartigen Blick: nach Norden auf die neogotische Fassade der Kirche **St-Paul** 6, nach rechts auf die gesamten Ill-Kais.

Quai des Pêcheurs und Quai des Bateliers

Nach den Fischern *(pêcheurs)* und Fluss-Schiffern *(bateliers)* sind die Kais benannt, über die, von der Ill nur durch eine Straße mit Bürgersteigen getrennt, der Rückweg führt. Sie gehörten zu den 20 Zünften, die sich ab etwa 1200 bildeten und die Geschicke der Stadt im Spätmittelalter bestimmten. Die mächtigste von ihnen war die der Fluss-Schiffer unter dem Zeichen des Ankers, die vom Monopol der Schifffahrt auf dem damals erst ab Straßburg schiffbaren Rhein profitierte.

Nun kann man die Häuser am Ufer einer genaueren Untersuchung unterziehen und geschmückte Erker, grimmige Holzgesichter und alte Hauseingänge entdecken. Die Fachwerkhäuser **Nr. 27** **7** und 24 **8**, lachsrosa das eine, gelb das andere, stammen aus der späten Renaissance und weisen burleske und ornamentale Schnitzereien an den Balken sowie vorkragende Geschosse auf.

Im Erdgeschoss der Kaihäuser haben sich Restaurants und Geschäfte angesiedelt. Studentische Bars, Snacks, Bäckereien und Gemüseläden konzentrieren sich gegenüber den Fluss-Schiffen am Quai des Pêcheurs, während die Establisements im unteren Bereich der Quai des Bateliers, also vor und um den Cour du Corbeau, eher aufs obere Preissegment zielen.

Edelabsteige

Ein winziger Durchgang – vorn an der Hausecke befindet sich eine geschnitzte Rabenfigur – führt von der mit Restauranttischen bedeckten Place du Corbeau zum reizenden **Cour du Corbeau** **9**, dem Rabenhof aus der Renaissance. 1528 bis 1854 war dies der meistfrequentierte Gasthof der Stadt. Nach Jahrzehnten des Niedergangs nimmt nun wieder ein Luxushotel die gekonnt renovierten Holzgalerien und Fachwerkgebäude um den schmalen Innenhof ein.

Kaffeetrinken und Party auf dem Wasser

Drei Fluss-Schiffe *(péniches)*, seit Längerem außer Dienst und zu Restaurantbooten umfunktioniert, liegen am Ufer des Quai. Auf dem bordeauxrot gestrichenen Kahn **Vino Strada Bar (Péniche Bacchus)** **1** ermöglicht eine modern gestylte Weinbar mit jazziger Loungemusik eine Reise durch die Welt des Weins. Kleinigkeiten wie Wurst, Käse, Räucherlachs um die 5–6 €, das Glas Wein ab 3 € (Tel. 03 88 36 65 78, Di, Mi 17–24, Fr–Sa 17–1 Uhr). Die Deckterrasse des pflaumenblauen **Le Rafiot** **2** stellt tagsüber einen der schönsten Orte von Straßburg dar, um einen Kaffee zu trinken (bei schlechtem Wetter auch im Schiffsinnern). Snacks und Salate kosten 3–7 €. Spätabends verwandelt sich der in Holz und Kupfer gestylte Schiffsbauch in einen DJ-Club mit 80er-Jahre-Musik und Vinyl-Partys (www.rafiot.net, April– Sept. Mo–Do 11–1.30, Fr/Sa 11– 7, Okt.–März Mo–Do, So 12–1.30, Fr/Sa 12–4 Uhr). Der dritte, weiße Kahn ist das **Café Atlantico** **3**, wo viele Studenten zu günstigen Preisen ab 6 Uhr morgens frühstücken; tagsüber gibt es kleine Gerichte (tgl. 6–1.30 Uhr).

Einladung zum Stöbern

Galerie Lacan – L'Estampe **1**: Kleine Galerie mit historischen Stichen zu Flora, Fauna und Stadtansichten oder moderne Grafik, u. a. von dem elsässischen Künstler Raymond Waydelich (31, quai des Bateliers, Tel. 03 88 36 84 11, Mo 14–18, Di–Fr 9–12, 14–19, Sa 10– 12, 14–19 Uhr).

Ville et Campagne **2**: Halb im Untergeschoss dieses mit Mohren- und Engelsköpfen verzierten alten Fachwerkhauses stöbert man durch ein Sammelsurium von Antiquitäten und antikisierenden Dekoobjekten (23, quai des Bateliers, Mo 15–19, Di–Sa 10–13.30, 14–19 Uhr).

Cesaria **3**: Die stylische Boutique führt Kleidung, Taschen und Schuhe für Frauen, u. a. der Marken Plein Sud und See by Chloé (2, rue Ste-Madeleine, Mo 14.30–19, Di–Sa 10–12, 14–19 Uhr).

Karte: ▶ D/E 6 | **Tram:** Porte de l'Hôpital

Nicht, dass sich hier eine Winstub an die andere reihen würde. Ein wenig suchen muss man schon. Doch in den unspektakulären Gassen verbergen sich einige der authentischsten Repräsentanten dieser Straßburger Traditionsgastronomie. Choucroute, Fleischschnacka, Roigabrageldi – das klingt deftig und ist es auch.

In der Krutenau wohnten seit dem 15. Jh. Gemüsebauern und seit dem 18. Jh. die Soldaten der Garnison, seit dem 19. Jh. schließlich die Arbeiter der dort ansässigen Manufakturen. Ein Kleine-Leute-Viertel ist die frühere »Kraut-Aue« im Großen und Ganzen bis zum heutigen Tag geblieben. Auch wenn einige Mietblocks luxussaniert wurden und Krutenau-Adressen bei den Yetties und Yuppis in Mode kamen: Vor allem notorisch klamme Menschen wie Studenten und Künstler, Kleinbürger und Einwanderer bestimmen den Charakter des Viertels.

Archetypische Winstub

Lassen Sie sich von der heruntergekommenen Holzimitat-Fassade nicht abschrecken! Im **Pont du Corbeau** ❶ gibt es Winstubküche vom Besten: Eisbein und Blutwurst im Teigmantel, Bratkartoffeln und Käsekuchen, Choucroute und Wädele und was der deftigen Elsässer Speisen mehr sind. Der holzvertäfelte Gastraum imitiert die Renaissance-Inneneinrichtung der lokalen Bürgerhäuser – alles in allem: eine Institution der Straßburger Winstubszene.

Versteckter Charme

Der Weg zur nächsten kulinarischen Adresse führt über die von vielen alten Häusern gesäumte Rue des Couples, der das **Hôtel des Couples** ❶ aus dem 18. Jh. den Namen gab. Das Rokoko-Adelspalais, heute erzbischöfliche Grundschule, ist ein ansehnliches Beispiel für die versteckten Schönheiten dieses Viertels, denen man mit Stadtplan und Guide zu Leibe rücken muss. Von der Hausecke gegenüber blickt ein geheimnisvoller spätgotischer Kopf herüber.

Nahezu unbekannt bei Touristen, dafür eine Standardadresse bei den Studenten und Nachbarn ist **La Coccinelle** **2**, deren Aushängeschild den namengebenden Marienkäfer, elsässisch Herrgottskäfer, führt. Holzbalken teilen den sparsam mit modernerem Dekor ausgestatteten Gastraum in zwei Hälften, im Sommer sitzt man gerne draußen. Die freundliche Bedienung serviert aktualisierte Regionalspezialitäten wie einen Elsass-Burger mit Munster oder Cheesecake mit Frischkäse und klassisch Elsässisches wie Choucroute, Gänseleberpastete oder ein Schneckenpfännchen.

Um die Ecke befindet sich die beschauliche Place des Orphelins, die das unaufdringliche Fluidum der Krutenau recht gut veranschaulicht: ein Kinderspielplatz in der Mitte, Leute, die herumsitzen, einkaufen ...

Wo der Fuchs predigt

Blickfang an der dorfähnlichen Place du Zurich ist das einsam stehende Fachwerkhaus des elsässischen Restaurants **Au Renard prêchant** **3**, das an die Fabeln Lafontaines erinnert: Das inspirierte während der nationalsozialistischen Okkupation von Straßburg einen unbekannten Widerstandskämpfer, die gleichnamige Straße in »Dr.-Göbbels-Straße« umzubenennen. Das Restaurant bietet einen wahrhaft historischen Rahmen aus Fachwerkgemäuer und bunten Bleiglasfenstern, die ursprünglich aus einer spätgotischen Kapelle stammen. Die Zubereitungsmethoden der kulinarischen Genüsse sind ebenfalls altehrwürdig: Cordon bleu, Schweinefilet, Kalbsnieren in Rahmsauce. Im Herbst ist Wild die Spezialität des Hauses.

Wo die Rue de la Krutenau in die Rue de Zurich übergeht, haben sich gegenüber des Gebäudeblocks der alten **Manufacture des Tabacs** **2** einige Geschäfte, z. B. für Tee und Musikinstrumente, und das eine oder andere preiswerte Restaurant – italienisch, chinesisch, indisch – angesiedelt. Nachdem 2010 das Ende für die Tabakmanufaktur gekommen war, einem um die Mitte des 19. Jh. entstandenen Industriebau mit begrüntem Innenhof, sollen hier nun städtische Institute und kulturelle Orte der Begegnung entstehen.

Die Rue de Zurich ist die breite Hauptschlagader des Viertels. Da hier einst der Rheingiessen, ein im 19. Jh. zugeschütteter Kanal, verlief, wird sie von Mietshäusern des 19. Jh. gesäumt – pittoresk ist anders.

Gutes und günstiges Feinschmeckerlokal

Das **Pont aux Chats** **4** in einem Haus aus dem 18. Jh., einst eine Brauerei und später eine Winstub, ist nun ein preiswertes Feinschmeckerrestaurant. Fachwerkwände und ehemals rustikales Ambiente sind von einem innovativen Designer zeitgenössisch verbrämt, z. B. halb mit einer Mauer verdeckt worden.

Auf der kleinen und stetig wechselnden Karte stehen die gekonnten und klug konzipierten Speisen von Valère Diochet, der mal Souschef im Buerehiesel war. Er lässt die Texturen und Aromen der Zutaten für sich sprechen, ohne sie zu überdecken.

Auf der kleinen Place du Pont-aux-Chats erinnert ein Brunnendenkmal von

1884 an ein Bündnis, das die Züricher Eidgenossen 1576 mit der Reichsstadt Straßburg abschlossen: Sie gelobten, Straßburg im Notfall binnen eines Tages zu Hilfe zu kommen und bewiesen dies mit einer abenteuerlichen Schiffsfahrt. Am 11. September 1870 lösten die Züricher ihr Versprechen ein und verhandelten mit den deutschen Belagerern, um Kinder, Alte und Frauen aus der Stadt zu evakuieren.

Leider nur von außen zu besichtigen ist die **Kirche St-Guillaume** **3**, die durch ihr schiefes Äußeres daran erinnert, dass der Boden der Krutenau schon immer sumpfig war. Im Jahr 1307 wurde das einschiffige gotische Gotteshaus von den Mönchen des Bettelordens der Wilhemiten errichtet. Die Fassade mit den drei hohen gotischen Fenstern ist schlicht, wie es die Ordensregel der Wilhemiten vorsieht – der Glockenturm wurde erst 1667 hinzugefügt.

Übrigens: Heiße Partylocations – die Krutenau als Einzugsgebiet der Studenten hat auch zum Ausgehen einiges zu bieten, sei es die Bar L'Elastic (s. S. 105), das Café des Anges neben dem Restaurant Pont aux Chats oder das Rock City (s. S. 107).

Die Fakten zu den Winstubs

Au Pont du Corbeau **1**: 21, quai St-Nicolas, Tel. 03 88 35 60 68, Mo–Fr 12–14, So–Fr 19.30–22 Uhr, à la carte ca. 25 €.

La Coccinelle **2**: 22, rue Ste-Madeleine, Tel. 03 88 36 19 27, Di–Sa 12– 14, 19–22 Uhr, Hauptgerichte ca. 16 €.

Au Renard Prêchant **3**: 34, rue de Zurich, Tel. 03 88 35 62 87, Mo–Fr 12–14, 19.30–22, Sa 19.30–23, So 19.30–22 Uhr, Hauptgericht ca. 16 €.

Le Pont aux Chats **4**: 42, rue de la Krutenau, Tel. 03 88 24 08 77, Mo–Fr 12–13.30, 19.30–21.15, Sa 19.30–21.15 Uhr, 3-Gang-Menü mittags 18,50, abends 22 €.

… und ein angesagtes Café

Café des Anges **5**: 5, rue Ste-Cathérine, Mi 23–4, Do 19–7, Fr/Sa 23–7 Uhr. Neu eröffneter Klassiker: das Publikum ist vorwiegend künstlerisch und studentisch, Musik von Blues bis Electric, Disco, Themenabende, DJs.

8 | Ein Hauch von Venedig – Petite France

Karte: ▶ C 6 | **Tram:** Langstross/Grand'Rue

**An einem nebligen November-
morgen oder -abend hat man
vielleicht die Fachwerk-, Winstub-,
Schleusenherrlichkeit halbwegs
für sich. Sonst nicht. Wen wun-
dert's, denn das von Kanälen
durchzogene »Kleine Frankreich«
ist nach dem Münster Straßburgs
größte Touristenattraktion, in
der man (trotzdem) gut essen
kann.**

Ziemlich Unerfreuliches fördert die
Etymologie der Petite France zutage:
Am Anfang stand das hiesige Hospital
für Syphiliskranke »Zum Französel«.
Als guter reichsdeutscher Bürger des
16. Jh. gab man dem damals weit ver-
breiteten Übel eben den Namen des
feindlichen Nachbarn. Übel beleumun-
det war das Gerberviertel auch des-
halb, weil die zum Trocknen auf-
gehängten Häute ganz erbärmlich
stanken.

Vom Wasser geprägt

Des Geruchs wegen wurden die Gerber
an die südwestliche Peripherie der Innenstadt verbannt. Hier fächert die Ill
sich, zunächst noch eingeschnürt von
Vauban-Wehr und den Ponts Couverts,
zu vier Armen auf, die sich dann nach
Osten zu hinter dem Pont-St-Martin
wieder vereinigen. Hinter der Barrage
Vauban zweigt der Fossé du Faux Rempart ab, der die Innenstadt im Norden
umfließt.

Spitze!

An der Ecke der Rue des Dentelles zur
Rue du Bouclier verbirgt sich das Renaissancehaus **Zum Hirschkorn** `1`
hinter einer Mauer mit Tor. Unter dem
Giebel zeigt eine gemalte Sonnenuhr
aus dem 16./17. Jh. die Stunden und
halben Stunden an. In der Rue des Dentelles (Spitzengasse) wurden übrigens
keine Spitzen geklöppelt; sie bildete
vielmehr eine »Spitze« zwischen der Ill

Spieglein, Spieglein im Wasser

und dem im 19. Jh. zugeschütteten Fossé des Tanneurs, wo heute die gleichnamige Straße verläuft.

Vor der Rue du Fossé des Tanneurs zweigt die Petite Rue des Dentelles ab, eine schmale, von Fachwerkhäusern gesäumte, absolut heimelige Gasse.

Ein Platz zum Verlieben

Zur Linken eine Schleuse, drumherum stehen einige der ältesten und schönsten schwarz-weißen Fachwerkhäuser: Das nach dem Straßburger Maler aus napoleonischer Zeit benannte Platzensemble der Place Benjamin Zix gehört zu den meistfotografierten und meistbesuchten Highlights der Stadt. Was auch die Konzentration von Souvenirläden hier und in den angrenzenden Straßen beweist.

Die **Maison des Tanneurs** 1 oder Gerwerstub, heute ein bekanntes elsässisches Traditionsrestaurant mit gutbürgerlicher, rundum holzverkleideter Einrichtung, wurde 1572 gebaut und erst 1949 als Gerberhaus außer Dienst gestellt. Zum Platz hin kragen die Fachwerkobergeschosse vor, zur Ill hin liegen die heute teils verschlossenen offenen Galerien, in denen die Gerber ihre Häute trocknen ließen. Charakteristisch für die Gerberhäuser sind die offenen Balkone unterm Dach. Und die Nähe zum Wasser, das zum Ausspülen der Häute in großer Menge benötigt wurde. Hatte ein Gerber seine Häute nicht sorgfältig befestigt, sah er im wahrsten Sinne des Wortes »seine Felle davonschimmen«!

Rue du Bain aux Plantes

An dieser Straße, benannt nach den für Frauen reservierten Bädern, stehen die am besten erhaltenen Gerberhäuser. Sie wenden den gestuften Giebel mit den einst zum Trocknen der Häute bestimmten offenen, langgestreckten Dachluken zur Straße. Halb im Souterrain eines Fachwerkhauses liegt die gemütliche

Winstub **Lohkäs** `2`, deren Kachelofen, alte Holzmöbel und Drehorgel man bereits von außen bewundern kann. Der Lohkäs war das, was von der aus Eichen- und später Fichtenrinde gewonnenen Gerberlohe übrigblieb, wenn das Tannin seine Wirkung getan hatte. Er wurde vom Lohkästreppler, oft einem Kind, mit den Füßen in eine Holzform gepresst, getrocknet und als Brennmaterial verwendet.

Es lohnt sich, bis ans Ende der Straße weiterzugehen, wo sie sich in ein Mini-Viertel aus Gassen, Höfen und Sackgassen auffächert. Hier serviert das abseits allen Rummels gelegene Hotelrestaurant **Chut** `3` in einem stilvoll renovierten kleinen Fachwerkbau zeitgenössisch interpretierte Regionalküche. Im Sommer ist der Innenhof eine Oase der Ruhe.

Das Fasanebrueckel

Die Kurbelbrücke **Pont du Faisan** `2` am Beginn der Rue des Moulins, der einstigen Windmühlenstraße, wird zwar nicht mehr mit der Hand, aber doch immer noch persönlich von einem Brückenmeister betätigt. Vor Beginn der Operation scheucht er alle Fußgänger energisch hinter zwei Schranken. Dann gleitet die Holzbrücke zur Seite und macht dem Ausflugsboot den Weg frei.

Von der Eisfabrik zum Luxushotel

Der Gebäudekomplex etwas weiter links an der Rue des Moulins war von etwa 1900 bis 1990 eine Eisfabrik, in wilhelminischer Zeit »Klareis zur Dünzenmühle«. Drei Turbinen, heute im Hotelkomplex erhaltene Industriedenkmäler, produzierten Eisblöcke für den wachsenden Bedarf der Brauereien.

Von der Rue des Moulins kann man auf Holzstegen um die Schleusen des Bootsanlegers spazieren und kommt vor dem kompromisslos zeitgenössischen 4-Sterne-Hotel Régent Petite France heraus. Auch wenn man nicht hier übernachtet, lohnt sich ein Besuch der **Bar Champagne** `1`. Auberginetöne in einer hundertprozentigen Designumgebung, an die 60 Drinkvarianten mit Champagner und der Blick durch zwei halbrunde Fenster auf ein Auffangbecken vor dem Wehr machen die Bar zu einem idealen Ort für einen Aperitif oder einen Absacker. Das Hotelrestaurant Le Pont Tournant hat durchaus kulinarische Meriten, vor allem aber eine Terrasse über dem Wasser, die im Sommer wohl einer der schönsten Plätze der Stadt ist.

Wehrbauten

Seit 1784 sind die **Pont Couverts** `3`, die »gedeckten Brücken«, nicht mehr gedeckt. Drei kopfsteingepflasterte Brücken aus rotem Vogesensandstein ersetzten die mittelalterlichen holzgedeckten Brücken, was dem malerischen Anblick aber keinen Abbruch tut. Im Verein mit den erhaltenen vier quadratischen Wehrtürmen aus dem 13./14. Jh. sicherte das Befestigungswerk die vier Ill-Arme, diente aber auch zum Betrieb der auf die Pfeiler gebauten Mühlen.

Nach Plänen des berühmten Militärarchitekten Sébastien Le Prestre de Vauban (1633–1707) wurde Ende des 17. Jh. der **Barrage Vauban** `4`, ein Stauwehr aus 13 Bogen, errichtet. Das Wunderwerk der Militärtechnik ermöglichte im Falle eines Angriffs die Überflutung der Ebene südlich der Stadt, wie es im Krieg 1870/71 auch geschah. Auf dem Stauwehr wurde später eine großzügige Dachterrasse gebaut, von der der Blick über die Ponts Couverts bis zum Münsterturm schweifen kann – eins der schönsten Panoramen von Straßburg wurde so offenbart. Frisch renoviert wird dieses Symbol des Straßburger Stadtbilds nun jeden Abend effektvoll durch eine Beleuchtung in Szene gesetzt.

Pont St-Martin

Nach einem Abendessen in der Petite France sollte man sich einen Abschiedsblick vom **Pont St-Martin**  gönnen. Rechts liegt die alte Kirche, in der heute das Ensemble des Théâtre du Jeune Public junge Zuschauer erfreut (s. S. 110). Erleuchtete Fachwerkhäuser säumen das dunkle, wirbelnde Wasser, das um die Schleusen strömt.

Öffnungszeiten

Barrage Vauban: Tgl. ohne Eintritt 9–19.30 Uhr zugänglich.

Gut elsässisch schlemmen

Maison des Tanneurs: 42, rue du Bain aux Plantes, Tel. 03 88 32 79 70, www.maison-des-tanneurs.com, Di–Sa 12–14, 19–22.30, Dezember auch So 12–14 Uhr, elsässische Schnecken 19,50 €, Choucroute 22,50 €.

Lohkäs: 25, rue des Bains aux Plantes, Tel. 03 88 32 05 26, Mo–Sa 11.30–14.30, 18.30–22 Uhr, Di Baeckeoffe 20 €.

Restaurant La Chut: 4, rue du Bain aux Plantes, Tel. 03 88 32 05 06, www.hote-strasbourg.fr, Di–Sa 12–14, 19–23 Uhr, mittags 18 €, abends à la carte ca. 40 €.

Hôtel Régent Petite France

5, rue des Moulins, Tel. 03 88 76 43 43, www.regent-petite-france.com, DZ ab ca. 200 €; Restaurant Le Pont Tournant Di–Sa 19–22 Uhr, Hauptgerichte ca. 23 €; Bar Champagne tgl. 17–1 Uhr.

Es weihnachtet sehr

Pain d'Epices: Im Lebkuchenhaus gibt es die elsässische Spezialität in allen Formen, auch als Schweinchen mit japanischen Schriftzeichen (14, rue des Dentelles, Di–Sa 9–19 Uhr).

Un Noël en Alsace: In dem schmalen, nach hinten verzweigten Souvenirladen ist das ganze Jahr über Weihnachten. Allerlei Schmuckwerk, das man sich an den eigenen Tannenbaum hängen möchte (10, rue des Dentelles, www.noelenalsace.fr, Mo 14–19, Di–Sa 10–19 Uhr).

Eines von Frankreichs ehrgeizigsten Museumsprojekten der letzten Jahrzehnte setzt Maßstäbe. Nicht nur, was die von Picasso bis Baselitz glanzvoll bestückte Sammlung moderner und zeitgenössischer Kunst, sondern auch, was den lichten Museumsbau von Adrien Fainsilber angeht.

Das 1998 eröffnete **Musée d'Art Moderne et Contemporain (MAMCS)** **1** ist eins der Glanzlichter der Straßburger Museumsszene. Auf nahezu schwerelose Art, wozu die großen Glaspartien beitragen, zitiert der monumentale Bau des international renommierten Architekten Adrien Fainsilber auch das Münster. Deutlich wird das an der Verwendung von rötlichem Vogesensandstein, der mit 104 m Länge und 22 m Höhe kathedralartigen zentralen Wandelhalle oder den stählernen Säulen und Diensten. Auf dem Dach steht, weithin sichtbar, die Pferdeskulptur des italienischen Bildhauers Mimmo Paladino.

Ein Gang durch die Kunst ab 1860

Die Sammlungen sind chronologisch geordnet: Im Erdgeschoss findet man Werke aus Malerei und Plastik von 1860 bis 1950, im 1. Stock von 1950 bis heute. Eine grafische, eine fotografische und eine Kunstgewerbeabteilung runden den gesamtheitlichen Anspruch ab. Mehrere Ausstellungen pro Jahr erhöhen das Renommé des Museums.

Den Anfang der ständigen Ausstellung macht die akademische Malerei vom Ende des 19. Jh. Jean Jacques Henner (1829–1905), der, ein Muss in jener Zeit, zur Ausbildung nach Paris ging, ist mit mythologisch-biblischen Themen und Frauenakten vertreten, die mehr als nur einen Hauch präraffaelitischer Malweise aufweisen.

Dem in Straßburg geborenen Gustave Doré (1832–1883) ist ein ganzer Saal gewidmet. Seine Genreszenen, Landschaften und biblischen Tableaus sind dem Geiste der Romantik verpflichtet.

Neben einer Huldigung ans Elsass, »Abend im Elsass« (1869) mit schönen Elsässermädels, sind Illustrationen etwa zur »Göttlichen Komödie«, zum »Don Qichotte« und »Pantagruel« ausgestellt, die die Lebhaftigkeit der malerischen Einfälle und seine visionäre Vorstellungskraft erkennen lassen.

Klassische Moderne

Reich bestückt, u. a. mit Werken von Alfred Sisley, Claude Monet, Camille Pissarro, Max Liebermann, Auguste Renoir und Auguste Rodin, ist die impressionistische Abteilung. Einen weiteren Schwerpunkt bilden Symbolismus (Odilon Redon, Dante Gabriel Rossetti), Dada und Surrealismus: Max Ernsts verstörende Traumgesichte und Jean (Hans) Arps scheinbar fließende Skulpturen stellen Höhepunkte des Museums dar. Surrealistisch, primitiv, magisch – Victor Brauners (1903–1966) schwer einzuordnende Tableaus sind eine Entdeckung wert.

Seine mystischen Bildwelten zeigen Einflüsse aus den Geheimwissenschaften, der Volkskunst aus aller Welt sowie den Werken von Geisteskranken. Ein Bildtitel von 1948 lautet: »Begegnung mit mir selbst in den vier Katzen der Welt«. Spiritismus, Esoterik und Ritual spielen bei diesem eigenwilligen Künstler eine größere Rolle als die formellen Kunststile der Nachkriegszeit

Mehrere Werke von Pablo Picasso und Wassily Kandinsky belegen die Entwicklung hin zur abstrakten Kunst.

Die raumfüllende Flieseninstallation Kandinskys, die dieser für den Musiksalon der Bauausstellung 1931 in Berlin anfertigte, wurde hier 1975 von Suzanne und Jean Leppien, Schüler von Kandinsky, rekonstruiert.

Ein wahrer Schatz ist die Arp-Abteilung mit den Modellen Arps und seiner Frau Sophie Taeuber-Arp für die Aubette (s. S. 74).

Schlaglicht auf Elsässer Künstler

Obwohl es keine elsässische Kunst im engeren Sinne gibt, hat das MAMCS doch seinem Standort Rechnung getragen, indem im Elsass geborene oder arbeitende Künstler vorgestellt werden. Neben Henner, Doré und Arp sind das Charles Spindler (1865–1938) mit seinen kunstvollen Holzintarsienbildern und Jean-Désiré Ringel d'Illzach (1847–1916), der u. a. symbolistische Plastiken und den genialen Katzen-Frauen-Stuhl schuf.

1919 bildete sich in Straßburg die international wenig beachtete Groupe de Mai um Künstler wie Edouard Hirth, Martin Hubrecht und Paul Welsch, die von Paul Cézannes Malweise beeinflusst waren.

Bis heute

Das Disparate, in viele Richtungen Suchende der Kunst nach dem Zweiten Weltkrieg haben die Museumsmacher zu einem weitläufigen Parcours zusammengestellt.

Breitflächig repräsentiert ist die neo-impressionistische deutsche Malerei. Ob Markus Lüpertz oder Georg Baselitz, Jörg Immendorff oder A. R. Penck, diese meist großformatigen Werke regen zum Diskurs an. Wen werden die vier zornigen jungen Männer in Immendorffs »Besuch bei einem Künstler« von 1976 in dem schwarzen

Raum hinter der Tür vorfinden? Wessen Kopf ohne Torso hängt an Eugen Schoenebecks »Das Kreuz« von 1963, dieses Opfer ohne Gegenstand in kathartischer Hässlichkeit? Bei Daniel Richters »Der Ewige Tagtraum der drei Irren vom Berg« von 2000 entsprechen sich Titel und halluzinatorisch gefüllte Bildfläche.

Sarkis' Krutenau-Zimmer

Sarkis' raumfüllende Installation »Ma Chambre de la rue Krutenau en satellite« von 1969 sucht in der Wiederauf-erstehung des Zimmers, das er als junger Künstler in Straßburgs Quartier Latin bewohnte, nach Konstanten von Kunst und Leben.

Sechs verschieden große Modelle des Zimmers sind in einem mit Dachpappe ausgelegten und von einer wassergefüllten, plätschernden Dachrinne umgebenen Raum ausgestellt. Haufen von Tonbändern, ein Löwe und ein marodes barockes Buffet bilden magische Demarkationen, die eine Mystik des Augenblicks zu verewigen scheinen.

Öffnungszeiten

Musée d'Art Moderne et Contemporain: 1, pl. Hans Jean Arp, Di–So 10–18 Uhr, Eintritt 7 €.

Kongeniales Café

L'Art Café: Das Museumscafé ist mit der Inneneinrichtung von Yves Taralon ein Design-Leckerbissen. Durch zwei riesige Fensterfronten, oder im Sommer alternativ von der Dachterrasse, hat man einen wundervollen Blick auf Ponts Couverts und Kathedrale.
Serviert werden Salate und Speisen für den kleinen Hunger, mittags und abends leichte, innovative Tagesgerichte wie Hamburger mit gebratener Gänseleber, Kaffee, Kuchen und Wein, samstags und sonntags ist Brunch (Tel. 03 88 22 18 88, Di–So 11–18 Uhr, Salat ca. 12 €).
Kunstbuchhandlung: Di, Mi, Fr, Sa 11–19, Do 12–22, So 10–18 Uhr.

Bierstub in der Nähe

Das **Ami Schutz** **1** ist eine Bier- und Winstub mit kulinarischen Ambitionen. In der gediegen holzgetäfelten Bierstub, malerisch zwischen zwei Ill-Armen gelegen, wird gelungene el-sässische Regionalküche serviert: Schweinshaxe, Weihnachtsbier und Tannenhonig, Blutwurst mit karamellisierten Birnen. Im Sommer bietet die wundervolle Terrasse auch Schattenplätze für heiße Tage (1, Ponts Couverts, Tel. 03 88 32 76 98, www.ami-schutz.com, Tram: Faubourg National, tgl. 12–14, 19–22.30 Uhr, Hauptgericht ca 24 €).

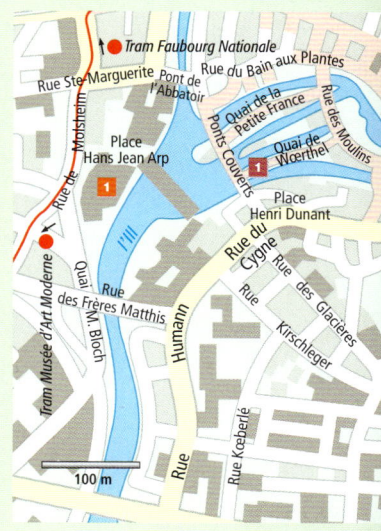

10 | Trip ins Mittelalter – St-Pierre-le-Jeune Protestant

Karte: ▶ C 5 | **Tram:** Broglie

Sie hat alles, was eine Kirche interessant macht – eine uralte Gruselgruft, herrlich farbige Wandmalereien, einen imposanten Lettner, den ältesten Kreuzgang nördlich der Alpen. Und liegt doch abseits der Besucherpfade.

Der mit Platanen bestandene Platz vor **St-Pierre-le-Jeune** 1 wäre noch beschaulicher, wäre er nicht zugeparkt, und der rosa Putz der Kirche zeigt außen wie innen eine Patina, die nach einer (mittlerweile begonnenen) Restaurierung geradezu schreit. Die Statuen des Erwinsportals sind zur Taubenabwehr mit hässlichen Nadeln gespickt; genau genommen stammen sie auch gar nicht vom Dombaumeister Erwin, sondern sind zum großen Teil Nachbildungen aus dem 19. Jahrhundert. Denn auch hier hatten die Revolutionäre einmal mehr ganze Arbeit geleistet.

Kleinod der Gotik

All das vergisst man beim Betreten der dreischiffigen Hallenkirche. Ist nur noch überwältigt von der Polychromie des Innenraums und der reichhaltigen Ausstattung, den filigranen Eisenleuchtern mit Engeln darauf, dem hohen Gewölbe, den farbig gefassten Skulpturenkonsolen. 1250 bis 1320 auf Fundamenten eines Vorgängerbaus aus dem 11. Jh. erbaut, besitzt diese gotische Kirche wertvolle Fresken aus dem 14. Jh., oft auf leuchtend blauem Hintergrund. »Der Zug der Nationen zum Kreuz« an der Westwand ist ein ebenso selten dargestelltes Thema wie die »Navicella« an der Westwand der Zornkapelle, die Jesus und die Jünger auf dem See Genezareth zeigt.

Eine Trennwand

Der gewaltige Lettner vom Beginn des 14. Jh. zieht alle Blicke auf sich. Er trennte im Mittelalter zunächst die Kanoniker von der übrigen Gemeinde, ab 1681 auf Geheiß des französischen Königs dann den den Katholiken zugestandenen Chor vom Hauptschiff der Protestanten. Auf der Balustrade erhebt sich die 1780 von Johann Andreas Silbermann gebaute Orgel.

Wenn man den Lettner durchschritten hat, kann man sich im prachtvollen Rokoko-Chorgestühl niederlassen. An die Südwand hat ein Freskenmaler im 15. Jh. ein Monumentalbild des hl. Christophorus gemalt. Der Blick zurück durch die Lettnerbogen ins Hauptschiff, wohl die schönste Ausblick in der Kirche, führt einem die warme Farbigkeit eindringlich vor Augen.

Vor dem Altar lohnt ein Blick zu Boden. Durch den Mittelgang zieht sich ein ›Lebenspfad‹ aus in den Steinboden gegossenen Bleilinien. Durch drei Quadrate mit Fabelwesen – Drachen, Schlangen, Wasserpferde –, Symbole weltlicher Gefahren, gelangt der Christ zum Himmlischen Jerusalem vor dem Altar.

Memento mori

Ganz tief in den Brunnen der Zeiten steigt man im südlichen Seitenschiff herab und steht in einem Hypogeum, einem Grabraum aus dem 8. Jahrhundert. In der Mitte befindet sich ein in den Boden eingelassenes Grab, das die Umrisse eines Körpers erkennen lässt.

Hinter einer Glasscheibe sind die Knochen, die man in den Bogengräbern ringsum an der Wand fand, zu sehen. Der schlichte, eindrückliche Ort war Teil einer Friedhofskapelle, in der Christen ab dem 3. Jh. ihre Märtyrer verehrten.

Ein Hafen des Friedens

Frisch renoviert wurde der Kreuzgang mit drei romanischen und einem gotischen Wandelgang. Ungefähr auf der Mitte der Westseite befindet sich ein Kapitell mit vier archaischen Köpfen, der einzige figurale Schmuck. 1160 erbaut, ist dieser Kreuzgang, in dem einst die Mönche beteten und meditierten, der älteste seiner Art nördlich der Alpen. Die bis zur Unkenntlichkeit abgetretenen Grabplatten auf dem Boden können zu melancholischen Gedanken verleiten.

Öffnungszeiten

Pl. St-Pierre-le-Jeune, Sonntag vor Ostern–1. Nov. Mo 13–18, Di–Sa 10.30–18, So 14.30–18 Uhr, sonst anmelden unter Tel. 03 88 32 41 61.

Exquisit lunchen

Restaurant Goh 1: Innovative Küche, ein stylisches Interieur in Braun-Pistazien-Tönen mit tiefen Sesseln und ebensolchen Tischen, das alles im 1970er-Jahre-Business-Hotel Sofitel; das Mittagsmenü ist mit 34 € gerade noch erschwinglich (4, pl. St Pierre le Jeune, Tel. 03 88 15 49 10, Mo–Fr 12–14, 19–22, Sa 19–22 Uhr).

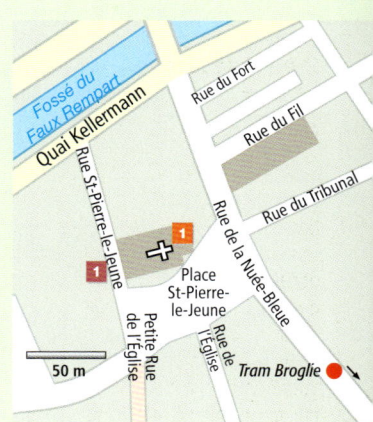

Karte: ▶ D 5 | **Tram:** Broglie

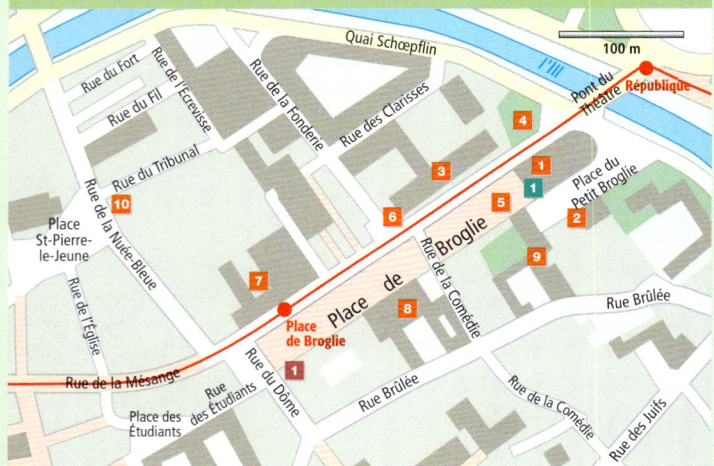

Am Kopfende des straßenartig gestreckten Platzes thront die Oper, in der nicht nur die Sangeskunst, sondern auch ein angesagtes Café ihren Platz haben. Selbst die Platanen scheinen Haltung anzunehmen, denn ursprünglich wurde die Place de Broglie militärisch genutzt.

Bühne frei

Die massige Säulenfront des städtischen Theaters setzt den beherrschenden Akzent am Kopfende des Platzes. Zu Beginn des 19. Jh. errichtet, wurde das **Théâtre Municipal** ▮1▮ von den wilhelminischen Machthabern um die Rotunde zur Ill hin erweitert. In den sechs Statuen über der neoklassizistischen, tempelähnlichen Front stellte der elsässische Bildhauer Landolin Ohnmacht die Musen dar.

Rechts neben dem Theater steht ein kurioses Gebäude: fünf Stockwerke hoch, aus rosa gestrichenen Ziegeln, die Mauern unterbrochen von einer Vielzahl von Spitzbogenfenstern. Es wurde 1441 als **Kornspeicher** ▮2▮ errichtet. 4000 Scheffel Getreide konnten hier im Fall von Krieg oder Hungersnot gelagert werden. Heute dient er als Requisiten- und Kostümkammer der Oper.

Kanonen hoch!

Der frühere Rossmarkt ist einer der elegantesten Plätze Straßburgs. 1740 ließ ihn der Militärkommandant der Provinz Elsass, der Marschall de Broglie, zum Spazierengehen und für militärische Paraden anlegen. Vor dem Gebäude des

Cercle des Officiers ▌3 , der ehemaligen Militärschule, lassen elf aufrecht montierte alte Kanonen sowie eine Tafel mit den Namen der 350 (!) in Straßburg geborenen Generäle keinen Zweifel an der ursprünglichen Bestimmung der Place de Broglie aufkommen: Krieg, nicht Kunst war hier angesagt.

Übrigens: Die Fassade, die man heute sieht, ist nicht die ursprüngliche. Die kaufte sich die reiche Familie Herrenschmidt und »klebte« sie vor ihr Palais in der Rue du Wacken, das seitdem sehr edel aussieht.

2000 Jahre Straßburg!

Eine ganz andere Intention verfolgt, so darf man wohl annehmen, Tomi Ungerers **Janusbrunnen** ▌4 . 1988 zur Zweitausendjahrfeier Straßburgs errichtet, soll die Aquäduktruine an die römischen Ursprünge und der Januskopf aus Bronze an die zweifachen Wurzeln der Elsässer erinnern. Ungerer musste damals viel Kritik einstecken – tatsächlich wurde in ganz Straßburg nie die Spur eines Aquädukts gefunden, und wer die übrigen Arbeiten Ungerers kennt und schätzt, wird das Ensemble ziemlich harmlos finden.

Die Place de Broglie führt geradewegs zum Musentempel, dem Théâtre Municipal

Mit militärischen Ehren

1951 ließen die Straßburger General Leclerc zum Dank für die Befreiung am 23. Nov. 1944 ein **Denkmal** **5** errichten, das ihn flankiert von zwei Siegesengeln abbildet. Ein weiterer Held der Republik, der in Straßburg geborene Marschall Kellermann, reckt siegesgewiss seinen Dreispitz in die Höhe. Léon Blanchot errichtete 1935 dem Sieger von Valmy dieses **Bronzedenkmal** **6** .

Allons enfants de la Patrie ...

Wo heute die **Banque de France** **7** steht, soll 1792 der revolutionsbegeisterte Straßburger Bürgermeister Philippe Frédéric de Dietrich gewohnt haben. Da die revolutionäre Rheinarmee damals von den Armeen der europäischen Monarchen ständig eins auf die Mütze bekam, trug Dietrich dem ebenfalls revolutionsbegeisterten Rouget de Lisle auf, ein zündendes Revolutionslied zu komponieren.

Der dynamische Jungdichter trug den »Chant de Guerre pour l'armée du Rhin«, den Kriegsgesang für die Rheinarmee, in Dietrichs Wohnung vor, alle waren begeistert. Das Lied, das eigentlich »Strasbourgaise« hätte heißen sollen, ging als Marseillaise in die Geschichte ein, weil es Soldaten aus Marseille waren, die es beim Einzug in Paris schmetterten. Heute ist das Lied die französische Nationalhymne.

So jedenfalls die gängige Überlieferung und das Historienbild von Isidore Pils im Musée Historique (s. S. 79). In Wahrheit übte sich Dietrich selbst als vortragender Sänger, und möglicherweise wohnte er nicht mal hier, sondern ein paar Straßen weiter. Die Republik dankte dem Vertreter einer gemäßigten Richtung sein Engagement allerdings schlecht. 1793 starb er in Paris unter der Guillotine.

Adel verpflichtet

Da auch die Straßburger Adligen im 18. Jh. etwas Französisches, also pariserisch Modernes haben wollten und zudem dem Kardinal von Rohan dessen schönes Palais neideten, ließen sie den dort tätigen Architekten Joseph Massol zwei Adelspalais bauen: Zum einen das heutige **Hôtel de Ville** **8** , zum anderen das **Hôtel des Deux Ponts** **9** . Die Paläste beherrschen noch heute die rechte Platzseite der Place de Broglie.

Bühnenreif Kaffee trinken

Café de l'Opéra **1** : Studenten, Künstler und Opernbesucher trinken hier einen Kaffee oder Wein. Im Sommer hat man draußen unter den Säulen einen Freilicht-Logenplatz (19, pl. de Broglie, Tel. 03 88 22 98 51, Mo–Mi 8–20, Do–Sa 8–24 Uhr).

Kaffee trinken

Café Broglie **1** : Geht es einem eher um den Kaffee, den Kuchen und die Tagesgerichte, besucht man dieses Café, das im Sommer auch Tische nach draußen stellt (1, rue du Dôme, Tel. 03 88 32 08 08, Mo–Sa 7.30–21.30 Uhr).

Am Rande

Vor dem Sitz der wichtigsten Straßburger Tageszeitung, **»Les Dernières Nouvelles d'Alsace«** **10** oder schlicht DNA, kräht jeden Mittag der Metallhahn auf der dreiseitigen Uhr. 1940 bis 1944 wurde er, ein Symbol Frankreichs, vor den deutschen Besatzern in Sicherheit gebracht (17–21, rue de la Nuée Bleue, www.dna.fr).

12 | Kaiserliche Prachtbauten – Place de la République

Karte: ▶ D 5 | **Metro:** République

Wilhelminische Renommierbauten aus dem letzten Drittel des 19. Jh. umstehen den weiten Platz, allesamt steingewordene Herrschaftssymbole. Im Tomi-Ungerer-Museum amüsiert man sich beim Kontrastprogramm. Wie kaum ein anderer nimmt der in Straßburg geborene Künstler den Geist von Nationalismus und Chauvinismus auf die Schippe.

Das Karree mit gigantischen Ausmaßen, auf der Südseite von der Ill begrenzt, auf den drei anderen Seiten von hellen, beigefarbenen Gebäudemassiven, vor denen Autos und die ewig quietschenden Wagen der Tram kreuzen.

In der Mitte befindet sich ein Grünrondell mit sorgfältig gestutzten Eibenpylonen und vier 30 m hohen Gingko-Bäumen – der japanische Kaiser schenkte sie 1880 seinem Bündnispartner Kaiser Wilhelm II.

Mutter Elsass trauert
Das **Monument aux Morts** 1 ist ein Anti-Kriegs-Denkmal des Pariser Künstlers Léon-Ernest Drivier von 1936 für die Toten des Ersten Weltkriegs. Die Stufen unter der muskulösen Mutter Elsass, die im Schoß einen im französischen und einen im deutschen Heeresdienst gefallenen Sohn hält, nutzen junge Leute als Sonnenbank und stören sich nicht daran, dass diese, eher halbherzig, mit Ketten abgesperrt sind.

Vom einstigen Kaiserpalast zur Place de la République
Im Westen beherrscht das **Palais du Rhin** 2, der einstige Kaiserpalast, die Szenerie. Der Berliner Architekt Hermann Eggert konzipierte den Bau auf hohem Sockel nach dem Vorbild des

Florentiner Palazzo Pitti. Wilhelms I. Enkel und Nachfolger, Wilhelm II., schätzte den Palast gering. Als ›Bahnhofsstil‹ und ›Elefantenkasten‹ qualifizierte er ihn ab.

Schwer haben die zwei Portalatlanten an den kaiserlichen Säulen zu tragen, und auch die Puttenreliefs an den Säulen wollen gar nicht so recht putzig wirken. In den 1950er-Jahren drohte der Symbolbau deutscher Herrschaft denn auch abgerissen zu werden. Aber er steht noch …

An der Südseite des Palasts, zum Ill-Ufer hin, reihen sich knapp 20 römische und frühchristliche **Steinsarkophage 3** unter den Bäumen, die aus den Ausgrabungen an der spätrömischen Nekropole an der Porte Blanche stammen. Kleine Tote hatten kurze, große lange Sarkophage.

Ein Pastiche aus Frührenaissance und Neobarock

In Richtung Norden folgen die **Préfecture et Trésorerie du Département Bas-Rhin 4**, die früheren Ministerien des »Reichslandes Elsaß-Lothringen«, nach Osten die **Bibliothèque Nationale et Universitaire 5**, auch früher schon Universitätsbibliothek, sowie das von André Malraux gegründete **Théâtre National de Strasbourg (TNS) 6**. Dass hier früher der Sitz des Landesausschusses von Elsass-Lothringen lag, dürfte heute eher von marginalem Interesse sein.

Gelegenheit, die durchkomponierte Aussicht zwischen diesen beiden Kulturinstitutionen hindurch über die großzügige Avenue de la Liberté zur Universität zu würdigen: Macht und Wissenschaft im Dialog, so feierte das Kaiserreich sich gern selbst.

Die breiten, im Karree angelegten Straßen, üppigen Grünflächen und

Gebäude in allen Spielarten des Eklektizismus sind typisch für die wilheminische Stadt-Neugründung. Mit ihr betraut wurde der Straßburger Städteplaner Johann Gottfried Conrath, ein Schüler des berühmten Pariser Präfekten und Stadtumgestalters Georges-Eugène Haussmann.

Widerspruch

Endlich, Ende des Jahres 2007, hat einer der bedeutendsten zeitgenössischen Zeichenkünstler, 1931 in Straßburg geboren, sein eigenes Museum bekommen, das **Musée Tomi Ungerer 7**.

Doch das gesamte Schaffen des unermüdlichen Künstlers unter dem Thema »Kampf gegen Militarismus, Nationalismus und Spießertum« zu subsumieren, greift zu kurz. Ungerers fantasiegesättigter Schaffensdrang umfasst durchaus auch genrehafte, ja beinah heimelig wirkende Momente, vor allem in seinen Kinderbüchern.

Die zwischen 1885 und 1887 erbaute neoklassizistische **Villa Greiner** bietet von innen eine strahlend weiße Projektionsfläche, geschaffen vom Architekturbüro Emmanuel Combarel. Aus konservatorischen Gründen wechselt die Auswahl aus den 8000 Originalen, die der bekennende Elsässer Ungerer seiner Heimatstadt vermacht hat, alle vier Monate.

Im Erdgeschoss sind ein aufschlussreicher Film, Beispiele aus Ungerers Spielzeugsammlung und die Entwürfe für seine Kinderbücher ausgestellt.

»Emil, der hilfreiche Tintenfisch« oder »Orlando, der brave Geier« zeigen die kindlich-spielerische Seite des Illustrators. Köstlich und meisterhaft auf das Wesentliche beschränkt – selten im überquellenden zeichnerischen Werk – zeigt sich das Schlangenalphabet, entstanden aus Arbeiten zur »Boa

Crictor«. Wie vielseitig Ungerer ist, zeigen seine Illustrationen zu »Das Große Liederbuch« (1975), mit dem der Diogenes-Verlag versuchte, das von den Nationalsozialisten usurpierte Volkslied ›zurückzuerobern‹. Ungerers Genrebilder kommen so possierlich-altväterlich daher, dass man es kaum zu glauben vermag. Einflüsse von Gustav Doré, Hansi oder Moritz Schwind verweisen jedenfalls ins 19. Jh.

Der 1. Stock beherbergt die Werbegrafik und gesellschaftskritische Zeichnungen, hauptsächlich aus Ungerers New Yorker Zeit (1956–1971).

Wer aber den ganzen Ungerer kennenlernen will, muss auch noch ins Souterrain: Es ist Ungerers morbiderotischen Werken vorbehalten: Die Blätter »Fornikon«, »Totempole«, »Grenouillades« zeigen kopulierende Frösche, rabelaishaft-derb, bis hin zu einigermaßen verstörenden Motiven in der Tradition des spätmittelalterlichen Totentanzes – Sadomaso, Mensch und Maschine, Obsessionen.

Öffnungszeiten

Musée Tomi Ungerer/Centre d'Illustration: 2, av. de la Marseillaise, Mi–Mo 10–18 Uhr, vormittags Gruppen, Eintritt 6,50 €. In dem kleinen angeschlossenen Buchladen kann man Ungerer-Bücher einsehen und kaufen.

Brasserie Pont des Vosges 1: Über die breite wilhelminische Avenue des Vosges kommt man zu der klassischen Brasserie, die auch in Paris stehen könnte: 1950er-Jahre-Anmutung, alte Reklameposter, Spiegel. Kalbsleber englisch, Carpaccio, Heringsterrine und Rinderfilet sind die üblichen Verdächtigen in dieser etwas teuren Straßburger Institution (15, quai Koch, Tel. 03 88 36 47 75, Mo–Sa 12–14, 19–23.30 Uhr, à la carte ca. 40 €).

Snack Michel 2: Gegenüber dem neogotischen Monstergebäude der Post liegt dieses fast schon legendäre, von Beamten, Schülern und Studenten gleichermaßen frequentierte Snack-Bistro. Die Koordinaten sehen wie folgt aus: lieblos-düsterer 1970er-Jahre-Bistro-Stil, schnelle Bedienung, turbulente Atmosphäre, unschlagbare Preise und durchgängige Küche (20, av. de la Marseillaise, Tel. 03 88 35 45 40, Mo–Fr 6–21, Sa 6–19 Uhr, 3-Gang-Formule 10 €).

In der Nähe

Synagogue de la Paix 8: Der Architekt Claude Meyer-Lévy schuf den blockhaften, symbolträchtigen Bau 1958. Die geschwungene Fassade zeigt den Davidsstern, zwölf Säulen stehen für die zwölf Stämme Israels (av. de la Paix, nur von außen zu besichtigen).

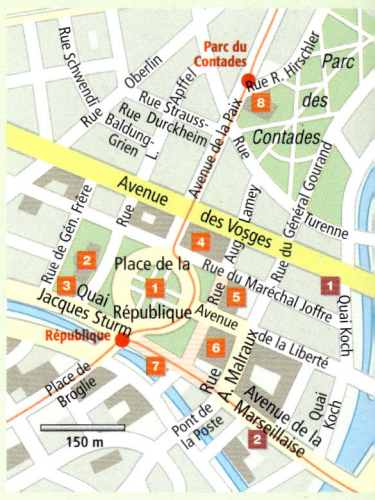

13 | Wissenschaft für alle – das Universitätsviertel

Karte: ▶ E/F 5 | **Tram:** Gallia

In einem Geist ungebrochener Wissenschaftsgläubigkeit stampften die wilhelminischen Machthaber die Gebäude um das Palais Universitaire aus dem unbebauten Boden. Attraktionen wie das Planetarium, der Botanische Garten und das Zoologische Museum sind auch heute noch lohnende Ziele für Familien mit Kindern. Und zum Abschluss geht es ins Schwimmbad.

Seit 1621 gibt es die Straßburger Universtät, an der so bedeutende Männer wie Conrad Röntgen, Louis Pasteur und Marc Bloch lehrten. Der berühmteste Student war jedoch Goethe, der 1770/71 hier studierte und sich amüsierte. Als verdenkmalter junger Mann, kess mit Spazierstock und Spitzenjabot, steht er vor dem Palais Universitaire. Ende des 19. Jahrhunderts, als das Interesse an den Naturwissenschaften institutionalisiert wurde, entstanden all jene Gebäude, die heute den ältesten und ansehnlichsten Teil der Uni bilden.

Geistesgrößen auf dem Dach

Als gelungenste Schöpfung der wilhelminischen Architektur in Straßburg gilt das 1879 bis 1884 vom Berliner Architekten Otto Warth errichtete **Palais Universitaire** [1] mit seiner 125 m breiten Schaufront. Stilistisch ist es an die Palladio-Villa von Vicenza angelehnt. Auf dem Dach stehen 36 Statuen berühmter Wissenschaftler und Theologen von der Renaissance bis zum 19. Jh. Der spektakulär von einem Glasdach abgeschlossene Innenhof steht allen Besuchern offen. Er besticht durch seine zweistöckigen Säulenkolonnaden und die frisch erneuerte Farbigkeit. 1949 fand hier die erste Sitzung des in Straßburg gegründeten Europarats statt.

Ein Blick in die Sterne

Auch das **Planétarium** 2 stammt aus dem letzten Drittel des 19. Jh. Während die einstündigen Vorstellungen ausschließlich in Französisch und so für Familien mit Kindern und des Französischen Unkundige nicht besonders sinnvoll sind, kann man sich in der »Sternenkrypta« an verschiedenen Multimedia-Installationen an die Erkundung des Weltalls machen und die historischen astronomischen Apparaturen bestaunen.

Zwar auch nur auf Französisch, aber dennoch lohnend ist die vor oder nach einer *séance* veranstaltete etwa halbstündige Führung zum benachbarten **Observatoire** 3. Auf sternenförmigem Grundriss erhebt sich die 1881 eingeweihte Große Kuppel. Unter gehörigem Zahnradgepolter – hier geht noch alles mechanisch ohne Elektrizität – lässt der Führer die im Durchmesser über 9 m messende, 34 t schwere Kuppel aufgehen und setzt das hölzerne Beobachtungsgestühl in Bewegung. So kann man den 7 m langen astronomischen Refraktor auf das gewünschte Sternbild ausrichten. Seinerzeit ein Wunderwerk der Wissenschaft, ist er heute als technisches Denkmal ausgemustert. Die Lichtverschmutzung über Straßburg ist einfach zu groß.

Ort der Muße

Da das Observatorium im **Jardin Botanique** 4 steht, bietet sich ein Spaziergang durch den Park an. Die Straßburger und Straßburger Studenten lieben es, sich beim Schlendern um den fröschebesetzten Teich, in den den Kakteen-, Stein- und Rosengärten oder unter hundertjährigen Bäumen zu entspannen. Auch die tropische Pflanzenwelt der Gewächshäuser lädt zum Verweilen ein, trotz der Tatsache, dass Letztere mittlerweile doch ziemlich heruntergekommen sind. Betrachtet man jedoch das wahrhaft scheußliche Hochhaus der Botanischen Fakultät dahinter, weiß man auf jeden Fall die wilhelminischen Bauten zu schätzen.

Zoologisches Museum

Das stattliche historische Gebäude des Naturkundemuseums **Musée Zoologique** 5 von Otto Warth erfuhr in den Jahren 2009/10 eine Generalüberholung. Hier gilt es, eine der umfangsreichsten naturkundlichen Sammlungen Frankreichs zu entdecken. Das Naturalienkabinett Jean Hermanns (1738–1800), der Grundstock des Museums, wurde komplett mit seinem Schöpfer (in diesem Fall eine Puppe) originalgetreu rekonstruiert.

Hunderte ausgestopfter Tiere entführen in die Fauna der Antarktis, der Anden oder Afrikas. Gorillas, Löwen, Walrosse, riesige Bären und winzige Spitzmäuse schauen den faszinierten Betrachter aus altmodischen Vitrinen heraus an. Eine besondere Rarität ist das älteste bekannte Exemplar des ausgestorbenen Riesenalks von 1776 und ein »eingelegter« Quastenflosser, der als lebendes Fossil Berühmtheit erlangte.

Ganz besondere Wasserfreuden

Hinter einer ochsenblutroten, leicht abblätternden Fassade verbergen sich die **Bains Municipaux** 1. Dieser Tempel der Leibesertüchtigung wurde 1908 vom Berliner Architekten Fritz Beblo in einem Stilmix aus Neobarock und Jugendstil erbaut. In zwei domähnlichen Badehallen – auch die kleinere der beiden ist nicht eben winzig – ziehen Senioren wie Studenten ihre Bahnen durch das mit 28 °C angenehm temperierte Wasser. Die hölzernen Umkleidekabinen, auch auf der umlaufenden Galerie, die Spucknäpfe, die Messingdusche oder die Buntglasfenster – alles stammt noch original aus der Erbauungszeit. Herrlich altväterlich kommt auch die Schilderflut daher. So darf man sich beispielsweise nicht in Badebekleidung föhnen, darf keine Bermudas tragen und natürlich auch nicht »mit Schwung« ins Becken springen.

Öffnungszeiten

Planétarium : rue de l'Observatoire, http://planetarium-strasbourg.fr, Schulzeit Mo, Di, Do, Fr 9–12, 14–17, Sa, Mi 14–18, Schulferien Mo–Fr 10–12.15, 14–18, So 14–18 Uhr, Kuppel Erw. 5,60, Kinder 3,15 €.
Jardin Botanique : 28, rue Goethe, http://jardin-botanique.unistra.fr, tgl. März/April, Sept./Okt. 14–18, Mai–Aug. 14–19, Nov.–16. Dez. 14–16 Uhr, kostenlos.
Musée Zoologique : 29, bd. de la Victoire, www.musees.strasbourg.eu, Mi–Mo 10–18 Uhr, Eintritt 6,50 €.
Bains Municipaux : 10, bd. de la Victoire, Tel. 03 88 25 17 58.
Schwimmbäder: Mo 7–19, Di 16.30–21, Mi 9–20, Do 8–20, Fr 8–20, Sa 8–18, So 8–13 Uhr, Eintritt 4 €, Sauna s. S. 22.

Ja, wo feiern sie denn?

Das Universitätsviertel ist ein Ort des Lernens und Wohnens. Hier findet sich keine Spur von studentischen Kneipen, Läden oder ähnlichen von Studenten normalerweise gerne aufgesuchten Einrichtungen. Wenn Straßburger Studenten ausgehen, dann tun sie das nämlich in der Krutenau oder um die Place du Marché Gayot. Die einzige rühmliche Ausnahme war das **Café Brant**  mit seiner originellen, noch aus den 1930er-Jahren stammenden Einrichtung wie den vergoldeten Säulen oder auch den opulenten Lüstern. Zur Zeit der Drucklegung war das Traditionscafé geschlossen. Es hat sich ein Unterstützerkreis gebildet, um eine Weiterführung des Betriebs zu ermöglichen, die Einrichtung wurde eingelagert. Da bleibt erst mal nur, viel Glück und Erfolg zu wünschen.

14 | Preisgekrönt – Europaviertel und Parc de l'Orangerie

Karte: ▶ F/G 3/4 | **Tram:** Droits de l'Homme

Weitläufig, modern, nah am Wasser: Die EU-Abgeordneten in Parlament und Europarat arbeiten in angenehmer, campusartiger Umgebung. Nicht zu vergessen der Orangerie-Park direkt um die Ecke. Auf Park- und Rasenflächen, am See und in einem kleinen Zoo oder auf dem Kinderspielplatz entspannt sich »tout Strasbourg«.

Straßburg nennt sich gern *carrefour d'Europe*, »Kreuzung« oder »Ort der europäischen Begegnung«. So ist es sinnfällig, dass sich die europäischen Institutionen um eine Wasserkreuzung gruppieren. Parlament, Europarat und Palais der Menschenrechte liegen um das Bassin de l'Ill, von dem in vier Richtungen Ill und Canal de la Marne au Rhin weiterfließen.

Wächter der Menschenrechte

Die beiden architektonisch sehr gelungenen Glaszylinder des Europäischen Gerichtshofs für Menschenrechte, des **Palais des Droits de l'Homme 1**, scheinen über dem Canal du Marne au Rhin zu schweben. Sie sollen an die beiden Waagschalen der Justitia erinnern. Der britische Architekt Richard Rogers errichtete das postmoderne Gebäude 1995.

Im Garten am Quai Ernest Bevin steht sie noch, zumindest ein kleiner Teil: ein Stück der Berliner Mauer als Memento der Freiheit. Daneben sieht man die wie Mumien bandagierten »Versteinerten Sieben« von Carl Bucher. Der Europäische Gerichtshof prüft Individual- und Staatsbeschwerden gegen Mitgliedsstaaten. Die Brücke, die zur Orangerie herüberführt, der Pont de la Rose Blanche, erinnert an die deutsche Widerstandsgruppe der Weißen Rose.

Bestes Internationales Bürogebäude 2008

Diesen Architekturpreis erhielt die **Agora 2**, neustes Gebäude des Europarates nach Plänen des Straßburger Architekturbüros Denu et Paradon. Die zwei papierenen Aufwindtürme auf dem ausgefallenen metallenen Kragdach dienen der Belüftung und sollen das Anliegen des Umweltschutzes verdeutlichen.

Ein Parlament für Europa

Von der Pont Zæpfel sieht man es besonders fotogen über dem Wasser schweben, das **Parlement Européen** **3**. Das gläserne Raumschiff, ein Turm um einen ellipsenförmigen Innenhof, wird zum Wasser hin von einem wallähnlichen Dreieck mit abgerundeter Spitze umschlossen. Es wurde vom Pariser »Architecture Studio« gebaut und hat eine Menge Geld gekostet. Da war es schon mehr als ein peinlicher Zwischenfall, dass 2008, keine zehn Jahre nach seiner Fertigstellung, die sternenbesetzte Decke des Sitzungssaals herunterbrach. Von außen wird die schwarze Kuppel jeden Star-Wars-Fan an den Todesstern des Imperators erinnern.

Das wahrhaft labyrinthische Gebäude wurde nach der Journalistin, Frauenrechtlerin und langjährigen Alterspräsidentin des Europaparlaments Louise Weiss (1893–1983) benannt. Im Innern ist es mit jeder Menge spannender Details wie einer von Rankpflanzen bewachsenen »Schlucht« und dem in einer holzverschalten Riesenkugel steckenden Sitzungssaal ausgestattet. Seit 2014 sind nun wieder Führungen möglich. Seit 1970 werden die zur Zeit 736 Mitglieder des europäischen Parlaments aus 27 Mitgliedsstaaten alle fünf Jahre von 500 Mio. Europäern direkt gewählt, zuletzt im Mai 2014.

Spaziergang am Wasser

Im Rücken der Ill-Kais liegt eine Gartenbausiedlung aus kleinen rosa Häusern, die **Cité-Jardin Ungemach** **4**. Der fürsorgliche Industrielle Charles-Léon Ungemach ließ die Siedlung, in der alle Straßen Blumen- oder Obstnamen tragen, 1923 für die Familien seiner Arbeiter bauen. Am Quai du Chanoine Winterer kommt man am langen Glasgebäude des deutsch-französischen Kultursenders **arte** **5** vorbei. Vor dem Eingang steht der witzige Giraffenmann des Künstlers Stephan Balkenhol.

Älteste europäische Institution

Der hochsocklige Betonklotz des **Palais de l'Europe** **6** wurde 1977 im reinsten 1970er-Jahre-Stil von Henry Bernard errichtet. Ziel des am 5. Mai 1949 gegründeten Europarats ist, zugegebenermaßen ein wenig schwammig formuliert, in Europa einen »gemeinsamen demokratischen und rechtlichen Raum« für die 47 Mitgliedstaaten zu schaffen. Bei einer Besichtigung nach Voranmeldung darf man den an einen Riesenpilz oder -baum erinnernden Sitzungssaal besichtigen und der Europahymne, der »Ode an die Freude« aus Beethovens 9. Symphonie, lauschen. Kennen Sie die Europaflagge? Zwölf – es werden trotz steigender Mitgliederzahl nicht mehr – goldene Sterne auf blauem Grund.

Auf dem Rasen vor dem Europarat gibt es europäische Kunst mit »irgendwie« menschenrechtlicher Relevanz zu bewundern: das »Vierblättrige Kleeblatt« des Italieners Attilio Pierelli, die »Interpenetration« des Luxemburgers Lucien Wercollier, die »Human Rights« des Spaniers Beltrán und »Europe« vom Österreicher Rudolf Kedl. Ist es Zufall, dass die meisten dieser Kunstwerke der Abstraktion huldigen?

Straßburgs Renommierpark

In der größten städtischen Grünanlage, dem **Parc de l'Orangerie** **7**, ist der Verkehrslärm zu einem nicht unangenehmen Hintergrundgeräusch gedämpft. Studenten, Eurobeamte, Mütter mit ihren Kindern – wer kann, fährt hier raus. Die Geburtsstunde des weitläufigen englischen Parks schlug 1804 mit dem Bau des **Pavillons Joséphine**  vor dessen Eingang zwei Sphingen lagern. In ihm kamen Orangenbäumchen und später Kaiserin Josephine unter. Farbenfrohe Blumenrabatte und mächtige Bäume umgeben das klassizistische Gebäude. Und jede Menge Kunst. Von historischer Relevanz wie Albert Schultz' Gänselieselbrunnen von 1899, der zu so etwas wie dem Emblem des alten Elsass wurde, bis zu Patrick Bailly-Maître-Grands rätselhaftem »puits voleur« – Liebestempel, Observatorium oder l'art pour l'art?

Ziegen, Makis, Papageien, Auerhähne und ein Luchs sowie viele Störche, die in Volieren in etwa drei Jahren lernen, nicht auf den gefährlichen Flug nach Afrika zu gehen, sind die Bewohner des **Minizoos** 9 . Storchennester allüberall geben ihnen die nötige Brutsicherheit.

Das Renaissance-Fachwerkhaus der Gourmetlegende **Buerehiesel** 10 , (s. S. 93) ist ein Hingucker, auch wenn man nicht dort speisen will. Balken für Balken wurde es 1895 anlässlich der großen Industrie- und Gewerbeausstellung hierher verpflanzt, nachdem es fast 300 Jahre in Molsheim gestanden hatte. Auch der englische Park sowie der See mit Felsen und Wasserfall wurden anlässlich dieser Ausstellung geschaffen. Im Sommer kann man hier **Ruderboote** mieten 1 .

Infos zu den europäischen Institutionen

Palais des Droits de l'Homme:
Quai Ernest Bevin, Tel. 03 90 21 52 17, www.echr.coe.int. Besichtigung für Gruppen nach Voranmeldung Mo–Fr 9–17 Uhr, Juristen können an den Sitzungen teilnehmen.

Parlement Européen: Allée du Printemps, Tel. 03 88 17 40 01, www.europarl.europa.eu/visiting. Auf dieser Website kann man sich für kostenlose Führungen auch auf Deutsch während und außerhalb von Plenarsitzungen anmelden, möglichst drei Monate im Voraus.

Palais de l'Europe: av. de l'Europe, Führung (auch auf Deutsch) außerhalb der Sitzungsperioden Mo–Fr, Anmeldung: Tel. 03 88 41 20 29, www.coe.int.

Picknick im Grünen

Da das Europaviertel nicht gerade mit Restaurants gesegnet ist, erweist sich Picknicken als gute Idee. Auf dem Weg von arte zum Park kommt man praktisch an der **Epicerie Fine Erckmann Chatrian** 1 vorbei. Hier gibt es die besten Feinschmeckerwaren, darunter auch Pizzas, Croissants, Quiches, Getränke oder Obst (30, Rue Erckmann Chatrian, Tel. 03 88 35 32 98, Mo–Sa 9–18 Uhr).

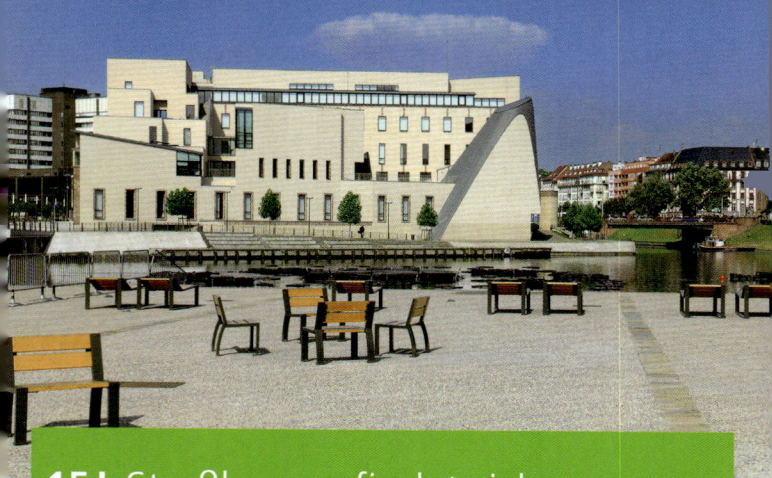

15 | Straßburg erfindet sich neu – Archipel culturel

Karte: ▶ E 7 | **Tram:** Etoile

Straßburgs städtebauliches Entwicklungsprojekt des 21. Jh. ist das Kultur- und Shoppingzentrum auf den ehemaligen Hafenbrachen am Bassin d'Austerlitz. So funktionale wie architektonisch überzeugende öffentliche Bauten stehen im Zeichen einer Stadterweiterung hin zum Rhein.

Die unmittelbare Nähe zum Wasser verleiht Straßburgs Hafencity einen ganz besonderen Reiz. Fußgängerbrücken führen über das Bassin d'Austerlitz, edel-schlichte Promenaden mit Betonbänken laden zum Schlendern ein. Auf dem Wasser dümpeln Schwäne.

In der Nähe des Stadtzentrums

Steht man vor dem nahezu kubistisch verschachtelten Gebäude aus rotem Vogesensandstein, sieht man im Norden den Münsterturm aufragen. Architekt Henri Gaudin zeichnet für die **Cité de la Musique et de la Danse** ▮1 verantwortlich. Hier haben Konservatorium und städtische Musikschule ihren Sitz. In dem 500 Zuschauer fassenden Saal finden Musik- und Tanzveranstaltungen und das Festival zeitgenössischer Musik, »Musica«, statt.

Die üblichen Verdächtigen, nett präsentiert

Von außen besteht **Rivetoile** ▮1 aus vier durch Glastrakte miteinander verbundenen Gebäudeblocks – in den oberen Geschossen liegen Wohnungen. Im Innern beherbergt sie eine Mall auf zwei Etagen, die sich über Hunderte von Metern dahinzieht, gesäumt von Restaurants, Snacks und Geschäften – Geschirr, Kosmetik, Papierwaren, Friseure, Schmuck, zum größten Teil Mode – das meiste davon Damenmode. Die Grundfläche ist fast dreimal so groß wie die der Mediathek. Immer wieder unterbrechen Sitzgruppen mit immer anders gestalteten Papierlampen der Designerin Cecile Wright den Einkaufsalltag.

Ist das das Paradies? Jedenfalls ist es Straßburgs neustes, von Bewohnern und Touristen gut angenommenes Einkaufszentrum, dessen architektonische Gestaltung man nur gelungen nennen kann. Ein riesiger Leclerc-Lebensmittelmarkt bietet gute Möglichkeiten zum Gourmet-Einkauf; Geschäfte wie die von H&M bis Swarovsky findet man indes in jeder Stadt Europas.

Beton, Glas, Edelstahl

Glas und Edelstahl, beides Leitmaterialien zeitgenössischer Architektur, lassen den langgezogenen Kubus der **Média-**thèque André Malraux **2** im Sonnenlicht gleißen. Entworfen wurde er vom Architekturbüro Ibos et Vitart. Auf 12 000 m² wird hier das kulturelle Erbe des Elsass nicht nur verwahrt, sondern auch den Bürgern zugänglich gemacht: 160 000 Dokumente von alten Inkunabeln über Periodika bis hin zu CDs. Durch einen vier Stockwerke hohen Schacht aus unverkleidetem Beton gelangt man in das rot-graue Foyer, das eine Info-Theke und ein Café enthält. Ausstellungen und Lesungen bieten ein vielfältiges Programm. Schienen und zwei **Kräne** **3**, die aus Star Wars stammen könnten, legen Zeugnis von der verabschiedeten Industriekultur des 20. Jh. ab.

Öffnungszeiten
Rivetoile: 3, pl. Dauphine, www.rivetoile.com, Geschäfte Mo–Fr 10–20, Sa 9–20, Leclerc 9–20.30, Restaurants tgl. 11–23 Uhr.
Médiathèque André Malraux: 1 Presqu'île André Malraux, www.mediatheques-cus.fr, Di, Do 12–19, Fr 12–20, Mi, Sa 10–19 Uhr.

Für den Hunger zwischendurch
Le Café-Restaurant du Conservatoire: Ideal, um einen Kaffee oder ein Glas Wein zu trinken, sich mit kleinen Happen oder dem günstigen Formule zu stärken, inmitten eines nüchternen Design-Interieurs mit roten Sitzen. In der warmen Jahreszeit sitzt man sehr schön draußen (1, pl. Dauphine, in der Cité de la Musique et de la Danse, Tel. 03 88 84 75 12, Mo–Mi 9–21, Do–Sa 9–22 Uhr, Vorspeise und Hauptgericht 10,50 €).
Sushi Club: Sushi, Sashimi, Yakitori und andere japanische Spezialitäten in einer Umgebung zwischen Zen und Design in kupfernen, grauen und weißen Tönen. Ein Speiseband läuft um die Theke, es gibt aber auch Tischservice (3, pl. Dauphine, im Rivetoile, Tel. 03 88 40 83 89, tgl. 11–23 Uhr, ab 10 €).

Noch mehr Straßburg

Gebäude, Ensembles

Aubette ► Karte 2, C 5
Pl. Kléber, www.musees.strasbourg.eu,
Tram: Homme de Fer, Mi–Sa 14–18
Uhr,
Der Pariser Architekt Jacques François Blondel errichtete das langgestreckte neoklassizistische Gebäude 1768– 1770. Hier wurde bei Tagesanbruch (franz. *aube*) die Tagesorder für die Garnison ausgegeben. Ein überschaubares, ansprechend gestaltetes Einkaufszentrum und die coole Brasserie Aubette nehmen den rechten Gebäudeteil ein.

Im Innern schufen Jean Arp, seine Frau Sophie Taeuber-Arp und ihr Freund Theo van Doesburg in den Jahren 1926 bis 1929 ein nach avantgardistischen – und das hieß damals: abstrakten – Kunstprinzipien gestaltetes Amüsierzentrum. Von der über mehrere Stockwerke reichenden »Sixtinischen Kapelle der abstrakten Kunst« blieben nur drei Säle um das Ciné-Dancing so weit erhalten, dass sie rekonstruiert werden konnten. Das Publikum würdigte die mit farbigen Vierecken in den Primärfarben gestalteten Säle nicht, sodass sie schon zehn Jahre später übermalt wurden. Tatsächlich wirkt der kompromisslose Elementarismus von Doesbergs De Stijl etwas kalt und kahl. Den besten Überblick, wie das Ensemble einmal ausgesehen hat, bekommt man in der Bar Hannong (s. S. 106).

Vom Militärgebäude zum Einkaufszentrum: die Aubette an der Place Kléber

Cave historique des Hospices de Strasbourg ▶ D 7

1, pl. de l'Hôpital, Finkwiller, Tram: Porte de l'Hôpital, Mo–Fr 8.30–12, 13.30–17.30, Sa 9–12.30 Uhr

Das städtische Hospital bildet eine Stadt für sich. Das langgestreckte Hauptgebäude vom Beginn des 18. Jh. versteckt in seinem mittelalterlichen Kellergewölbe den historischen Weinkeller. Der Zugang befindet sich auf der Rückseite des Gebäudes. Zwischen mächtigen Säulen und uralten Eichenfässern – eins enthält einen bernsteinfarbenen, noch trinkbaren Wein von 1472 – kann man Weine aus dem Elsass und anderen französischen Anbaugebieten verkosten und kaufen.

Chambre de Commerce et d'Industrie ▶ Karte 2, D 6

Tram: Langstross/Grand'Rue

Die Industrie- und Handelskammer ist ein stattlicher, nach der Renovierung hell leuchtender Renaissancebau von 1588. Über dem Portal prangt Merkur, der römische Gott des Handels, zwi-

schen zwei Löwen. Eins der schönsten Dächer Straßburgs, aus den charakteristischen Biberschwanzpfannen und drei Zeilen mit Rennaissancedekor geschmückter Lukarnen, diente zur Lagerung feuchtempfindlicher Vorräte. Fenster gab es früher in den Gauben nicht, denn so konnte die Luft besser zirkulieren.

Gare Centrale ▶ B 5

Tram: Gare Centrale

Das stattliche wilhelminische Bahnhofsgebäude wurde 1883 von Johann Jacobsthal gebaut. 2007 setzte der Architekt Jean-Marie Duthilleul ein spektakuläres 125 m langes und 23 m hohes Glasvordach vor die Fassade. Der halbkreisförmige Bahnhofsvorplatz ist großzügig angelegt, die Häuser vom Ende des 19. Jh. beherbergen fast alle Hotels.

Grand'Rue ▶ Karte 2, C 6

Tram: Langstross/Grand'Rue

Die lange Einkaufsstraße in der westlichen Innenstadt wird gesäumt von Snacks, Restaurants und Geschäften, Geschäften, Geschäften: Schuhe, Kinderkleidung, Boutiquen, Dessous, Friseure, Lebensmittel, Teeladen – perfekt für ein nicht zu teures, entspanntes Shoppen. Früher wirtschafteten hier allein sechs Brauereien – beachten Sie z. B. den Schwan im Hopfenkranz und das Bierglas im Brauerstern am Haus Nr. 24, der alten Brauerei zum Schwan.

Hôtel Klinglin ▶ Karte 2, D 5

19, rue Brûlée/Quai Lezay-Marnésia, Tram: République

Das schönste der Rokoko-Adelspalais im Pariser Stil, 1732–1736 von Johann Peter Pflug für den königlichen Prätor Klinglin erbaut, ruinierte diesen, sodass er nach einem gewaltigen Finanzskandal im Schuldturm starb. Die Gartenfront mit dem für das Straßburger Ro-

Nacht über der Place Kléber

koko typischen maßvollen Bauschmuck an Balkonkonsolen und Fenstern liegt zur Ill hin. Das prachtvolle Portal führt auf die Rue Brûlée hinaus.

Place Gutenberg ▸ Karte 2, D 6
Tram: Langstross/Grand'Rue
Hier stand einst das als »Pfalz« bezeichnete Rathaus, das Zentrum städtischer Macht. Heute sieht man vor der Chambre de Commerce (s. S. 70) das Denkmal des Buchdruck-Erfinders Johannes Gutenberg, 1840 vom französischen Bildhauer David d'Angers in Bronze gegossen. Ob Johannes Gensfleisch, genannt Gutenberg, tatsächlich während seines Aufenthalts in Straßburg 1434–1444 den Buchdruck erfand, bleibt dahingestellt. Fest steht, dass die Reichsstadt im 15. Jh. ein florierendes Zentrum des neuen Buchdrucks war. Ein buntes,

klingendes Kinderkarussell dreht auf dem Platz unermüdlich seine Runden.

Place Kléber ▸ Karte 2, C 5
Tram: Homme de Fer
Weitläufig, nüchtern-geschäftig, uneinheitlich, so präsentiert sich Straßburgs Alltagsherz. Über dem hässlichen FNAC-Betonblock und der neoklassizistischen Aubette (s. S. 74), über dem nur zwei Fenster breiten Haus an der Stirnseite und dem verzierten Fachwerkhaus daneben, wacht auf seinem Denkmalsockel der grimmig dreinschauende General Kléber, der 1753 in Straßburg geboren, als Architekt ausgebildet, als General in Napoleons Diensten zu Ruhm gelangt und 1800 in Kairo ermordet wurde. In Bier einbalsamiert, gelangte er schließlich im Jahr 1818 wieder in seine Heimatstadt, wurde

vollen Fassade des Hôtel Klinglin sowie weiteren Palais wie Hôtel du Grande Doyennée und Hôtel de Marmoutier. Die Adelspaläste entziehen sich neugierigen Blicken hinter hohen Mauern.

Rue des Francs Bourgeois/ Rue du 22 Novembre
▶ Karte 2, C 5/6
Tram: Langstross/Grand'Rue
Kaufhäuser, Kinos, Buchhändler und Modegeschäfte säumen diese breiten Geschäftsstraßen, die 1920 mit fünfstöckigen Häusern in einem recht verspielten neoklassizistischen Stil von den Städteplanern Brüder Horn angelegt wurden. Der 22. November ist übrigens das Datum der Befreiung Straßburgs durch französische Truppen im Jahre 1918.

Rue des Grandes Arcades
▶ Karte 2, C/D 5/6
Tram: Langstross/Grand'Rue
Von Geschäften, meist aus dem Bekleidungssektor, gesäumt, führt die immer belebte Straße, der Laubengänge auf einem kurzen Stück ihren Charme verleihen, als Verlängerung der Rue du Vieux Marché aux Poissons zur Place Kléber. In dem Jugendstilhaus Nr. 33 kurz vor dem Platz brutzeln heute Fast-Food-Klopse.

Rue des Tonneliers
▶ Karte 2, D 6
Tram: Langstross/Grand'Rue
Die schmale »Böttchergasse« im Rücken der Place Gutenberg gehört mit ihren Fachwerkhäusern und Restaurants zum touristischen Urgestein von Straßburg. Zusammen mit den angrenzenden Straßen Rue des Serruriers, Rue de l'Epine, Rue de l'Ecurie und Rue de l'Ail weist sie noch viele historische Häuser und einige der früher so charakteristischen Hauszeichen auf wie den Frosch in 6, rue de l'Epine, oder die Taube in 23,

1840 unter dem von Philippe Grass geschaffenen Denkmal beigesetzt und von den Nazis 1940 auf den Friedhof von Kronenbourg ausgelagert – eine wahre postmortale Odyssee.

Place St-Etienne ▶ Karte 2, D 5
Tram: Gallia
Der pittoreske kleine Platz bezieht seinen Charme von den alten Fachwerkhäusern wie Nr. 11 und 12 aus dem 16. Jh. und dem Renaissancegebäude Nr. 17 mit Treppengiebel und zwei Erkern. Der Flöte spielende Junge auf dem kleinen Brunnen, ein Werk von Ernest Weber, ist der »Meiselocker«, der Vogelfänger.

Rue Brûlée ▶ Karte 2, D 5
Tram: République
Diese Straße ist das In-Zentrum des »französischen« 18. Jh., mit der pracht-

Frische Fische und mehr: auf der Place du Marché aux Poissons

rue des Tonneliers. In diesem charmanten Viertel fühlt man sich fast in die Handwerkerstadt der Renaissance zurückversetzt.

Rue du Vieux Marché aux Poissons ▶ Karte 2, D 6
Tram: Langstross/Grand'Rue
Die breite »Alte Fischmarktstraße«, heute von teuren Boutiquen namhafter Couturiers veredelt, folgt dem einstigen Verlauf der Straße vor dem römischen Lager Argentoratum. Plaketten erinnern daran, dass Goethe während seines Studiums im Haus Nr. 36 logierte und Jean Arp in Nr. 52 hinter dem Renaissanceerker zur Welt kam.

St-Thomas ▶ Karte 2, C 6
Rue Martin-Luther, Tram: Langstross/ Grand'Rue, 15. Febr.–Dez. tgl. 10–17, im Sommer bis 18 Uhr, So morgens wegen Gottesdienst geschl.
Wie ein Tor zur Petite France: Fotogen ragt das aus rötlichem Vogesensandstein gemauerte romanische Westwerk von St-Thomas auf, eine der bedeutendsten Kirchen Straßburgs. Die übrigen Partien der gotischen Hallenkirche – ein wahres Museum der Grabmalkunst – entstanden 1270–1330. Zunächst fällt das pathetische barocke Grabdenkmal des Marschalls Moritz von Sachsen ins Auge, das den ganzen Chor einnimmt. Weil der beliebte Marschall nicht nur außerehelicher und ausländischer Herkunft, sondern zu allem Überfluss auch noch Protestant war, musste der Bildhauer Jean-Baptiste Pigalle hier in der Provinz – und nicht in Paris – darstellen, wie ganz Frankreich den Helden vergeblich zurückhält, in den vom Tod gelüpften Sarkophag zu steigen.

Dezenter, aber kein geringerer Kunstschatz ist der um 1130 entstandene Adeloch-Sarkophag. Er ruht auf vier Löwen, die romanischen Reliefs zeigen die Investitur eines Bischofs, wohl des Straßburger Kirchenfürsten, durch einen König sowie Heilige und Ungeheuer, u. a. eine reizende auf einem Fisch reitende Sirene.

Museen

Centre d'art du CEAAC ▶ E 6

7, rue de l'Abreuvoir, Tel. 03 88 25 69 70, www.ceaac.org, Tram: Université, Mi–So 14–18 Uhr

Kein Museum im engeren Sinn, aber der beste Ort, um zeitgenössische elsässische Künstler durch Ausstellungen kennenzulernen. Das Centre Européen d'Actions Artistiques Contemporaines fördert junge Künstler und lobt Preise für im Elsass arbeitende Künstler aus. Der Ausstellungsort selbst, eine vom Architekten Eric Gauthier umgestaltete Glas- und Porzellanfabrik von 1902, erhielt 1997 den rheinischen Architekturpreis.

Musée Alsacien ▶ Karte 2, D 6

23, quai St-Nicolas, Tram: Porte de l'Hôpital, Mi–Mo 10–18 Uhr, Eintritt 6,50 €

Die größte Sammlung elsässischer Volkskunst zeigt Hausrat, Trachten, Devotionalien, Spielzeug, Goettelbriefe – das sind handgemalte und -geschriebene Glückwünsche der Taufpaten für ein Neugeborenes –, eine alte Apotheke, eine Küche mit der typischen Brandmauer und eine Renaissancestube aus einem Winzerhaus aus Ammerschwihr. Eine sehenswerte Abteilung zum Leben der jüdischen Elsässer stellt Thorakronen, Hanukaleuchter, Beschneidungsbestecke und Sederteller aus. Das Museum ist stilvoll in drei Häusern aus dem 17./18. Jh. untergebracht, die zwei reizende Innenhöfe mit umlaufenden Holzgalerien und Schnitzbalken haben.

Musée Historique ▶ Karte 2, D 6

3, pl. de la Grande Boucherie, Tram: Porte de l'Hôpital, Di–So 10–18 Uhr, Eintritt 6,50 €

Das 2007 wiedereröffnete Museum zur Stadtgeschichte nimmt das hufeisenförmige Prachtgebäude des ehemals von Marktständen umgebenen Schlachthauses ein, den »Metzig«. Stadtbaumeister Hans Schoch errichtete das Renaissancegebäude 1588. Zeitgemäß präsentierte Exponate – darunter viele Kanonen und sonstige Waffen, die Straßburgs Vergangenheit als Garnisonsstadt illustrieren – lassen die Zeit vom Mittelalter bis heute lebendig werden. Ein zentrales Exponat ist das 11 x 7 m große Modell des befestigten Straßburg von 1727. Ein pathetisches Gemälde von Isidore-Alexandre-Augustin Pils zeigt, wie man sich 1849 die Entstehung der Marseillaise vorstellte (s. S. 61). Einige Holzpfähle erinnern an den Grund der langen Renovierung: Straßburg ist auf zahllosen Pfählen im sumpfigen Untergrund errichtet worden, eine Tatsache, die die Wiedereröffnung immer wieder verzögerte.

Le Vaisseau ▶ F 7

1 bis, rue Philippe Dollinger, www.levaisseau.com, Tram: Winston Churchill, Di–So 10–18 Uhr, Eintritt Erw. 8 €, Kinder 7 €

Generelle Infos zu den Museen

Öffnungszeiten: Mi–Mo 10–18 Uhr., Musée d'Art Moderne et Contemporain, Musée Historique und Musée de l Œuvre Notre-Dame Di–So 10–18 Uhr. Kostenloser Eintritt jeden 1. So im Monat. Eintrittspreise Erwachsene 6,50–7 €, Kinder 3–3,50 €.
Im Internet: www.musees.strasbourg.eu

In den letzten Jahren entstanden in den Metropolen der Welt viele Wissenschaftszentren für Kinder – eins der spannendsten und am besten gemachten eröffnete 2005 im Straßburger Hafenviertel. Es vollbringt das Wunder, Drei- und Fünfzehnjährige gleichermaßen zu fesseln. Die Kleinen setzen sich in einen Känguru-Beutel, schlüpfen in einen Skorpion, um mit dessen Scheren zu klappern, arbeiten mit gelben Helmen auf dem Kopf in der Baustelle.

Die jungen Erwachsenen bedienen Computer, sprechen nach einem Teleprompter Nachrichten oder fliegen auf einem Teppich durch einen Blue Screen. Sehr beliebt ist die Planschstation, gelbe Schürzen schützen vor übermäßigem Wasserkontakt. Unter einem echten Ameisenhügel hindurchzukriechen, sich mit historischen und verrückten Frisuren zu schmücken und mit Rollstuhl, Krücken oder Gipsarm einen Parcours zu bewältigen, ist a) aufschlussreich und b) witzig.

Hier wird die rechte Balance zwischen spielerischem Lernen und Toben gefunden – auch auf dem Außengelände mit Sinnespfad und Gärtnerhaus. Die Cafeteria bietet kindgerechte Speisen, ein Shop verkauft lehrreiches Spielzeug, und, großes Plus: Alle Beschriftungen sind auch in Deutsch.

Parks und Gärten

Jardin des Deux Rives ▶ J/K 7
Anfahrt: Bus 2 vom Hauptbahnhof bis Jardin des Deux Rives
Der grenzüberschreitende »Garten der zwei Ufer« wurde 2004 auf der französischen Rheininsel und einem schmalen Uferbereich im deutschen Kehl angelegt. Marc Mimrams zweisträngige Harfenbrücke für Fußgänger schwingt sich grazil über den Rhein. Das französische

Ufer ist viel schöner gestaltet als das deutsche. Über die zentrale Wasserwand plätschert hier ein Wasservorhang, davor schießen Fontänen in die Höhe. Die runden Gärten haben je ein Thema: ein Labyrinth für Kinder mit Hase und Schildkröte, eine Dünenlandschaft mit hölzernen Eisenbahnschienen, Heilpflanzen u. v. m. Alle Beschriftungen sind zweisprachig. Spielgeräte und die Weite der Anlage machen den Park zu einem lohnenden Ziel für den Familienausflug.

Parc de la Citadelle ▶ F/G 7
Rue de Boston und Quai des Belges/ Stadtteil Esplanade, Tram: Esplanade
Picknickende Familien, Kinder, die auf dem Spielplatz herumturnen, Hundebesitzer, flanierende Senioren und Jogger genießen vor der wenig anheimelnden

Hochhauskulisse des Stadtviertels Esplanade die über 12 ha Park und Wassergräben um die ab 1681 von Vauban konzipierten Festungen in der Form eines fünfzackigen Sterns – tagsüber, denn nachts ist der Park ein Schwulentreff.

Parc de Pourtalès ▶ J/K 1

Rue Mélanie/Vorort Robertsau, Tram: Observatoire, dann Bus 15 bis Lamproie

Um das im Wesentlichen aus dem Zweiten Kaiserreich stammende Schloss von Pourtalès erstreckt sich ein weiter naturbelassener Park. Wer hier joggt, das Grün für Ballspiele nutzt oder den Kinderwagen schiebt, kann sich auf die Suche nach Kunstwerken begeben, die die Beziehung Mensch-Natur visualisieren. Barry Flanagans »Kricketspieler« ist ein heiter tänzelnder Hase aus Bronze. Durch Stephan Balkenhols »Durch den Baum«, die Reste eines gewaltigen Bubinga-Baums, kann man hindurchgehen, während Jean-Marie Krauths 137 13,5 cm große Bronzezwerge sich an der Dreiwegekreuzung unter einer Eiche im Laub verstecken; Titel: »Ihr Ort«. Geheimnisvoll und chamäleongleich gut getarnt sind auch die teils menschlichen, teils pflanzlichen »Arbrorigènes« (»Baum-Eingeborene«) von Ernest Pignon-Ernest, acht Baumkletterer aus einem speziellen Polyurethan, das zur Fotosynthese fähig ist. Claudio Parmiggiani hat 15 bronzene Riesenohren wie antike Stelen aufgestellt, Zeichen für Sensibilität und Kommunikation. Und Sarkis baute einen Atelierpavillon aus buntem Glas neben einen verbrannten Baumstumpf.

Marc Mimrams grazile Harfenbrücke im Jardin des Deux Rives

Ausflüge

Haut-Kœnigsbourg

Die Hoch-Königsburg ist wohl die bekannteste, auf alle Fälle die größte und am besten erhaltene staufische Burganlage des Elsass. Von einem Halbtagesausflug dorthin werden auch Kinder begeistert sein.

Jahrelang als Mittelalter-Disneyland geschmäht, ist die Hoch-Königsburg doch neben der Hohlandsbourg die einzige nicht in Ruinen liegende Burg des Elsass, ab 1901 wieder aufgebaut von dem jungen Berliner Architekten Bodo Ebhardt für den deutschen Kaiser Wilhelm II. Dabei hat Ebhardt nach heutiger Ansicht seine Sache gar nicht mal schlecht gemacht und die spätmittelalterliche Burg mit Torbau, Donjon, gedeckten Wehrgängen, Bastionen, Burgkapelle, Waffen- und Festsaal sowie Wohngemächern recht originalgetreu wiedererstehen lassen.

An manchen Sommerabenden kann man zu Kammermusik durch die mit Möbeln aus Spätmittelalter und Renaissance eingerichteten Gemächer schlendern und sich in die Zeiten der Minnesänger und schönen Burgfräulein zurückträumen. Im Burgrestaurant werden von Mai bis September mittelalterliche Bankette abgehalten, und allerlei Veranstaltungen wie eine Kinonacht oder Ritterlager mit Umzügen und Schaukämpfen beleben die 270 m lange Anlage, die wie ein gigantisches Schiff auf dem 757 m hohen Vogesengipfel thront.

Infos
Öffnungszeiten: Jan./Feb., Nov./Dez. 9.30–12, 13–16.30, März, Okt. 9.30–17, April, Mai, Sept. 9.15–17.15, Juni–Aug. 9.15–18 Uhr, Eintritt 8 €, bis 18 Jahre frei, www.haut-koenigsbourg.fr.
Bus: Keine direkte Busverbindung; mit der Bahn bis Sélestat (▶ Karte 3), von dort weiter mit dem Bus. Mit dem Auto knapp 50 km in südliche Richtung.

An der Weinstraße
▶ Karte 3

Die berühmte elsässische »Route du Vin«, die durch zahlreiche pittoreske Weinorte am Fuße der Vogesen durch die schier unendlichen Weinberge verläuft, liegt vor Straßburgs Tür. Der Abschnitt von Obernai nach Ottrott gehört zu den weniger überlaufenen Zielen an der Route du Vin und vermittelt dennoch einen guten Einblick in Architektur, Landschaft und kulinarische Szene.

Infos
Der Tagesausflug ist ca. 80 km lang. Bus 257 von Straßburg, pl. de la Gare, über Obernai zum Mont Ste-Odile, Ostern–Allerheiligen Sa, So, Juli/Aug. tgl., www.bas-rhin.fr/transports.

Obernai ▶ Karte 3

Nach Obernai, einem ausgenommen reizenden Städtchen hinter mittelalterlichen Stadtmauern, sind es von Straßburg gerade nur 25 km Richtung Südwesten. Aus dem Spätmittelalter stammt der fast 60 m hohe Kapellturm, aus der Renaissance sind das Rathaus, der Puits à Six Seaux (Sechseimerbrunnen), der immerhin als der schönste des Elsass gilt, sowie die Cour Fastinger, mit Blumen überwucherte Holzgalerien und Schnitzereien um einen verwunschenen Innenhof.

Trinken Sie einen Kaffee in einem der vielen sympathischen Straßencafés oder machen Sie eine *dégustation*, vielleicht beim Winzer Jean-Paul Seilly, der in einem Haus aus dem 17. Jh. im Gewölbekeller zwischen Eichenfässern seine Rot- und Weißweine verkosten lässt. Oder besuchen Sie eine der originellsten Winstubs der Region, das L'Agneau d'Or, wo man zwischen den Elsässer Impressionen des Karikaturisten Charlie Barat ausgezeichnet essen kann.

Infos

Office du Tourisme: PLZ 67213, Place du Beffroi, Tel. 03 88 95 64 13, www.obernai.fr, Mo–Sa 9–12, 14–17 Uhr, während der Hauptsaison länger und auch sonntags geöffnet.
L'Agneau d'Or: 99, rue du Général Gouraud, Tel. 03 88 95 28 22, Di–Fr 12–14, 19–21.30, Sa 19–21.30, So 12–14 Uhr, Menüs 19–35 €.
Domaine Seilly: 18, rue Général Gouraud, Tel. 03 88 95 55 80, www.seilly.com.

Bœrsch ▶ Karte 3

Bœrsch besitzt genau das, was man von einem elsässischen Bilderbuchörtchen so erwartet: drei spätmittelalterliche Stadttore, einen kleinen Marktplatz, einen Sechseimerbrunnen und ein Renaissance-Rathaus.

Rosheim ▶ Karte 3

Das kleine Rosheim liegt zwar an der Weinstraße und weist mit vier Stadttoren und dem Brunnen vor dem Rathaus auch sehenswerte Bauwerke aus der Blütezeit der elsässischen Weinorte auf, hat sich aber einen angenehm ungeleckten Charme bewahrt.

Doch nach Rosheim kommt man sowieso nicht nur wegen des Weins, sondern vor allem wegen der Kirche St-Pierre-et-St-Paul, die mit Recht als die schönste des an romanischen Dorfkirchen wahrlich nicht armen Elsass gilt (tgl. 9–19 Uhr). Unter dem Schutz der Staufer 1145–1165 errichtet, besticht sie durch reichen plastischen Schmuck.

Da entdeckt man die Reliefs der vier Evangelisten an der Apsis, an den Eckpunkten des Fassadendachs Löwen, die bemitleidenswerte Menschenwesen fressen, oder auf dem Pultdach am Vierungsturm einen hockenden Mann mit einem Gegenstand, der oft als Geldsack gedeutet wird – dann wäre die Gestalt ein jüdischer Geldwechsler oder -verleiher. Die Kirche des Mittelalters warf den Juden immer wieder vor, Zinsen zu nehmen. Es wäre also möglich, dass diese Skulptur ein Indiz für den historischen Antisemitismus der Kirche ist.

Seit dem 14. Jh. bestattete die jüdische Gemeinde von **Rosenwiller** ihre Toten auf diesem idyllisch-elegischen Friedhof. In einem stillen Wiesental am Waldsaum liegen die geraden Reihen von Stelen, zerbrochenen Säulen und Grabsteinen. Aufgrund der Pogrome während der Französischen Revolution sind keine Grabsteine mehr aus der Zeit vor 1792 erhalten.

Infos

Office du Tourisme: PLZ 67560, 94, rue du Général de Gaulle, Tel. 03 88 50 75 38, www.rosheim.com, in der

Hauptsaison Mo–Fr 9–12, 14–18, Sa 9–12, 14–17, So 10–12 Uhr, sonst nur Mo–Fr.

Ottrott ► Karte 3

Das unspektakuläre Ottrott, eingebettet in Weinberge und naturbelassene Streuobst- und Wildorchideenwiesen, ist ein Ort zum Wohlfühlen und Schlemmen – und Heimat des Rouge d'Ottrott: Das ist ein fruchtig-leichter Roter, der fast schon ein Rosé ist. Man kostet den Pinot Noir – die Winzer wohnen fast alle im Unterdorf, während im Oberdorf die Hotel-Restaurants liegen – im Hof von Marie-Hélène Schoettel (1, rue du Stade) oder bei Jean-Charles Vonville (Place des Tilleuls), der ihn in Eichenfässern ausbaut. Natürlich bieten beide auch Weiße wie Riesling und Pinot Blanc an.

Ein mit rot-weiß-rotem Balken markierter Wanderpfad führt in 30 Min. vom Oberdorf hinauf zu zwei der besterhaltenen Höhenburgen des Elsass, den Châteaux d'Ottrott. Die Burgen Rathsamhausen und Lutzelburg wurden im 13. Jh. errichtet, die Letztere in nur 50 m Entfernung zur Belagerung der staufischen Burg Rathsamhausen. Beide sind nur von außen zu besichtigen, doch vom Wanderweg hat man einen ziemlich guten Blick auf sie.

Wer mit Kindern reist, wird um Les Naïades nicht herumkommen (30, route de Klingenthal, www.parclesnaiades.com, März–Sept. tgl. 10–18.30, Okt.–Febr. Mo–Sa 14–18, So 10–18 Uhr). In Aquarien wird die fantastische Reise eines Wassertropfens illustriert. Farbenprächtige Fische, Haie, Schildkröten, Piranhas, ein Korallenriff und eine Unzahl frei laufender Bauernhoftiere im Außenbereich sind die Attraktionen schlechthin.

Danach kann man sich die ausgeklügelten elsässischen Feinschmeckergerichte im »L'Ami Fritz«, einer der bekanntesten Winstubs der Region, auf der Zunge zergehen lassen: Sauerkraut, Gänsestopfleber, Erdbeergratin. Oder einfach auf der charmanten Terrasse unter Platanen einen offenen Wein (en pichet) genießen.

Infos
Syndicat d'Initiative: PLZ 67530, 46, rue Principale, Tel. 03 88 95 83 84, www.ottrott.com, Mai–Okt., Dez. Di–Fr 13.30–18, Sa 13.30–17.30 Uhr.
L'Ami Fritz: 8, rue des Châteaux, Tel. 03 88 95 80 81, www.amifritz.com, Do–Di 12–14, 19–21 Uhr, Menüs 31–68 €, DZ 98–137 €.

Mont Ste-Odile ► Karte 3

Das Kloster auf dem Odilienberg ist das elsässische ›Nationalkloster‹, das älteste der Region. Die wald- und burgenreiche Umgebung bietet die wohl beste Möglichkeit, im Rahmen eines Tagesausflugs von Straßburg aus zu wandern.

Das Kloster
Das Kloster der hl. Odilie auf dem waldbestandenen Gipfel des Mont Sainte Odile zieht Touristen, der schönen Aussicht wegen, und Pilger, der sterblichen Überreste der elsässischen »Nationalheiligen« wegen, an. Von der im Sommer stark frequentierten Plattform unterhalb der neoromanischen Riesenstatue der Heiligen schweift der Blick weit in die Ferne über Vogesen, Weinberge und weit in die Ebene bis hinüber nach Straßburg.

Herzog Eticho hatte hier an seinem Herrschaftssitz 670 das von seiner Tochter geleitete Frauenkloster ge-

In allerbester Lage thront das elsässische Nationalkloster auf dem Odilienberg

gründet. Der Legende nach tat er dies, nachdem seine blinde Tochter Odilie durch die Taufe wieder sehend wurde. Das Kloster erlebte seine zweite Blüte im staufischen 12. Jh., geführt von der Äbtissin Herrad von Landsberg. Die Klostergebäude selbst stammen größtenteils aus neuerer Zeit, aber die Kreuzkapelle mit dem karolingischen Sarkophag Herzog Etichos, die Johanneskapelle mit dem merowingischen Sarkophag Odilies sowie der Kreuzgang stammen noch aus der Zeit der Äbtissin Herrad (tgl. 8–21 Uhr, 9.–22. Jan., 9. Nov.–2. Dez. geschl., Wallfahrten 1. So im Juli, 15. Aug., 13. Dez., www.mont-sainte-odile.fr).

Wanderungen

Schnüren Sie die Wanderschuhe und schon sind Sie (relativ) allein: Vom Parkplatz unterhalb des Klosters führen zwei mit dem gelben Andreaskreuz markierte Rundwege von je etwa 2,5 Std. an der Heidenmauer *(Mur Païen)* entlang, einem 10 km langen Wall aus riesigen Steinblöcken um den Gipfel des Odilienberges herum. Die Forschung rätselt noch, ob es eine keltische Fluchtburg des 4. Jh. v. Chr. oder die Eingrenzung eines Heiligtums war.

Infos

Bus: Nr. 257 von Straßburg, s. S. 82. Das Kloster liegt ca. 40 km südwestlich von Straßburg.

Restaurant/Café im Klosterkomplex, Tel. 03 88 95 80 53.

Zu Gast in Straßburg

Es dämmert, die Laternen gehen an und tauchen die Fachwerkhäuser der Petite France in ein romantisches Zwielicht. Dann gibt es kein schöneres Fleckchen als die Place Benjamin Zix, um an einem der Tische unter der alten Platane einen fruchtigen Muscat zu trinken und zu warten, bis die Sommernacht endgültig Einzug hält.

Übernachten

... wie Gott in Frankreich

Alle französischen Hotels sind in einem System mit bis zu vier Sternen klassifiziert, die nach Ausstattung und Komfort, nicht nach ästhetischen Gesichtspunkten vergeben werden. Hotels mit einem Stern gibt es in der Stadt kaum noch, ab zwei Sternen kann man Dusche oder Bad mit WC, Telefon und meist auch Fernsehen auf jedem Zimmer erwarten.

Die Preise gelten immer für ein Doppelzimmer ohne Frühstück, Einzelzimmer sind meist nur unwesentlich oder gar nicht billiger. Die meisten Hotels bieten verschieden große und luxuriöse Zimmer zu teils enorm divergierenden Preisen an. Wer die günstigen bekommen will, muss frühzeitig reservieren.

Das **Frühstück**, mit Kougelhopf, Croissants, Blätterteiggebäck, Wurst und Käse meist reichhaltiger als sonst in Frankreich, schlägt noch einmal zusätzlich mit 7–20 € zu Buche. Viele Hotels bieten das Frühstück als Buffet an.

Straßburg ist, nicht zuletzt aufgrund der zahlungskräftigen Klientel rund ums Europaparlament, ein recht teures Pflaster. In der einen Woche pro Monat, in der der Parlamentariertross in Straßburg einfällt, sind sämtliche Unterkünfte lange im Voraus ausgebucht. Noch schlimmer ist es für die Adventszeit, für die man, wenn man ein bestimmtes Hotel haben möchte, bis zu drei Monate vorher buchen muss.

Hotelpakete: Das Tourismusbüro des Départements Bas-Rhin bietet aktuelle »Pakete« an, die von Themenurlauben zu Gastronomie oder Kultur bis zu Sonderangeboten in der Nebensaison und Wochenendkurztrips reichen. Dazu wird die Broschüre »Wochenend- und Kurzreisen Unterelsass« herausgegeben.

Billig-Hotel-Ketten: Sie schonen den Geldbeutel, doch sind die genormte Fertigbauweise und die Lage, meist außerhalb in Gewerbegebieten, an großen Verkehrskreiseln etc., nichts für Leute mit Anspruch. Bei Arcotel, Bonsai, Etap, Formule 1, Première Classe, Roi Soleil usw. bekommt man standardisierte, funktionale Zimmer für zwei oder mehr Personen ab 30 €.

Günstiger via Internet: Viele Hotels bieten Sonderpreise bei Internetbuchung. Aber auch bei www.LateRooms.com, www.hotels.com und vielen anderen Internetmaklern gibt es teils erhebliche Preisnachlässe. Wichtig: Auf alle Fälle vergleichen, z. B. bei www.tripadvisor.de, denn teilweise herrscht ein wahrer Tarifdschungel.

Jugendherberge (▶ J 8): Auberge de Jeunesse des 2 Rives: rue des Cavaliers, Tel. 03 88 45 54 20, www.fuaj.org, Bus 21, 2 Haltestelle Jardin des 2 rives. Moderner, komfortabler Komplex im Rheinpark. Übernachtung inklusive Frühstück ab 24,90 €.

Günstig und nett

Mit Sauna – **Aux Trois Roses:** ■ Karte 2, E 6, 7, rue de Zurich, Tel. 03 88 36 56 95, www.hotel3roses-strasbourg.com, Tram: St-Guillaume, DZ 83–95 €. Helle, mit Kiefernholzmöbeln ausgestattete Zimmer in der Krutenau; ein traditionell französisches Hotel mit elsässischem Frühstücksbuffet und Sauna in einem Anbau nach hinten.

Jugend- und Begegnungszentrum – **C.I.A.R.U.S.:** ■ C/D 4, Centre International d'Accueil et Rencontre Unioniste de Strasbourg, 7, rue Finkmatt, Tel. 03 88 15 27 88, www.ciarus.com, Bus 10: Place de Pierre, Übernachtung mit Frühstück ab 27 €, Frühstück 4 €. Das Jugend- und Begegnungszentrum, ein Riesengebäude, um einen Innenhof angeordnet und ca. 15 Min. Fußweg vom Zentrum, bietet eine empfehlenswerte Alternative für schmale Geldbeutel oder Familien: Die 101 ansprechend und schlicht gestalteten Zimmer von einem bis zu acht Betten haben alle eigene Dusche/WC.

Funktional – **Citôtel Hôtel des Arts:** ■ Karte 2, D 6, 10, pl. du Marché aux Cochons de Lait, Tel. 03 88 37 98 37, www.hotel-arts.com, Tram: Langstross/Grand'Rue, DZ 100 €. Hotel ohne Schnickschnack im touristischen Zentrum – die Zimmer sind nicht hübsch, aber alle mit WC/Dusche; Zimmer 201 mit Gauguin-Repros bietet einen Blick auf den immer belebten Ferkelmarkt.

Zeitgenössisches Design – **Etc-Hotel:** ■ Karte 2, C 6, 7, rue de la Chaîne, Tel. 03 88 32 66 60, www.etc-hotel.com, Tram: Langstross/Grand'Rue, DZ 110 €. Das Hotel in dem geschäftigen Viertel um die Grand'Rue gibt sich ganz in zeitgenössischem Stil, wobei alle Zimmer eine je eigene Farbgestaltung haben.

Gediegen – **Gutenberg:** ■ Karte 2, C/D 6, 31, rue des Serruriers, Tel. 03 88 32 17 15, www.hotel-gutenberg.com, Tram: Langstross/Grand'Rue, DZ ab 85 €. Das fünfstöckige historische Haus von 1745 nahe beim Münster bietet Zimmer in unterschiedlichem Stil und Preis an, die von rustikal-hell unter der Mansarde über gediegen mit alten Möbeln bis zu modernem Design reichen. Sehenswert ist das alte Treppenhaus.

Familienbetrieb – **Hôtel de l'Ill:** ■ Karte 2, D 6, 8, rue des Bâteliers, Tel. 03 88 36 20 01, www.hotel-ill.fr, Tram: St-Guillaume, DZ ab 77 €. Beliebter Familienbetrieb in der Krutenau – unbedingt früh reservieren! Dass die kleinen, schlichten Zimmer bei diesen Preisen kein Edeldesign bieten, sollte klar sein. 2008 komplett renoviert.

Bahnhofshotel – **Hôtel du Rhin:** ■ B 5, 7–8, pl. de la Gare, Tel. 03 88 32 35 00, www.hotel-du-rhin.fr, Tram: Gare Centrale, DZ 41–92 €. Direkt gegenüber dem Bahnhof liegt dieses Gebäude aus dem 19. Jh.; die komfortablen, hellen, modern-elegant eingerichteten Zimmer gibt es mit oder ohne WC/Dusche, was den Preisunterschied erklärt.

Internet auf jedem Zimmer – **Hotel Le 21ième:** ■ Karte 2, C 5, 21–23, rue du Fossé des Tanneurs, Tel. 03 88 23 89 21, www.hotel21.fr, Tram: Langstross/Grand'Rue, DZ ab 53 €. In einem Gebäude des 19. Jh. mitten im Zentrum gelegen, hat dieses Hotel eine pfiffige Idee: Nicht nur WC/Dusche und Kabelfernsehen auf jedem der hellen, kleinen, aber recht netten Zimmer, sondern auch Computer mit Internetanschluss (7 € zusätzlich pro Nacht).

Im Schatten des Münsters – **Suisse Horloge Astronomique:** ■ **Karte 2, D 6,** 2–4, rue de la Râpe, Tel. 03 88 35 22 11, www.hotel-suisse.com, Tram: Langstross/Grand'Rue, DZ ab 85 €. Diese freundliche Herberge ist seit über 100 Jahren in Familienbesitz. Die Zimmer sind ansprechend schlicht, am besten sind diejenigen unterm Dach. Zimmer Nr. 10 hat ein Riesenbad. Aus den oberen Fenstern schaut man gleichsam von hinten auf die Fassade der Kathedrale – ein Blick, der nicht ganz so spektakulär ist wie der bekannte von vorn, dafür aber ganz privat zu genießen.. Das Frühstücksbuffet mit gutem Käse und Kuchen wird in der gemütlichen, holzgetäfelten Stube serviert. Internet-PCs befinden sich auf einer Empore über der Rezeption.

Stilvoll wohnen

Kathedralblick – **Cathédrale:** ■ **Karte 2, D 6,** 12, pl. de la Cathédrale, Tel. 03 88 22 12 12, www.hotel-cathedrale. fr, Tram: Langstross/Grand'Rue, DZ ab 160 €, mit Blick auf die Kathedrale ab 190 €. Elegante, moderne Zimmer in Pastelltönen in einem verschachtelten Haus gegenüber der Kathedrale. In der Fassade neben der »Hotel«-Schrift steckt noch eine Granate aus dem Krieg 1870/71. Die Zimmer zum üppig mit Blumen geschmückten Hof sind ruhiger als die nach vorn; Frühstücksbuffet inklusive. Achten Sie bei Internetbuchungen darauf, Kathedral- oder Hofblick zu bestellen, denn es gibt auch weniger schöne Zimmer.

Zen im Fachwerkhaus – **Chut:** ■ **Karte 2, C 6,** 4, rue du Bain aux Plantes, Tel. 03 88 32 05 06, www.hotestrasbourg.fr, Tram: Langstross/Grand' Rue, DZ ab 150 €. Acht Zimmer in einem winzigen Fachwerkhaus in der Petite France vereinen pure zeitgenössische Deko mit antiken elsässischen Möbeln vor weißer Wand. Ein Erlebnis für alle Sinne, auch den Gaumen (s. S. 48).

Elegantes, cooles Design – **Diana-Dauphine:** ■ **D 7,** 30, rue de la 1ière Armée, Tel. 03 88 36 26 61, www.hotel-diana-dauphine.com, Tram: Porte de l'Hôpital, DZ 69–205 €. Boutiquehotel mit angesagtem Großstadtdesign. Die Zimmer, elegant in Weiß, sind wirkungsvoll mit Grau oder Rot/Gelb akzentuiert.

Stilvoll und verkehrsgünstig – **Grand Hôtel:** ■ **B 5,** 12, pl. de la Gare, Tel. 03 88 52 84 84, www.le-grand-hotel.com, Tram: Gare Centrale, DZ ab 120 €. Das Großhotel am Bahnhofsplatz ist komplett zeitgenössisch eingerichtet und besitzt mit seinem in den 1950er-Jahren aus den USA importierten Panoramaaufzug ein architektonisches Highlight. Die Zimmer sind nicht groß, zeichnen sich aber durch ein sehr gutes Preis-Leistungs-Verhältnis aus. Das Frühstück ist reichhaltig, WLAN-Internetzugang in den Zimmern kostenlos.

Mit Fayencen – **Hannong:** ■ **Karte 2, C 5/6,** 15, rue du 22 Novembre, Tel. 03 88 32 16 22, www.hotel-hannong. com, Tram: Homme de Fer, DZ ab 79 €. Flure und das originale Holztreppenhaus sind mit alten Gemälden, Barockschränken und Plakaten zu regionaler Kunst geschmückt, die Rezeption zeigt Hannong-Fayencen, denn früher stand hier die berühmte Hannong-Fayence-Manufaktur. Überall in diesem Haus von 1920 liegt noch der originale Parkettboden, die Zimmer sind relativ klein, aber elegant-modern eingerichtet. Ein Haus mit Flair und einer stilvollen Bar (s. S. 104).

Unter alten Fachwerkbalken – **Hôtel de l'Europe:** ■ **Karte 2, C 6,** 38–40, rue du Fossée des Tanneurs, Tel. 03 88 32 17 88, www.bestwestern.fr, Tram: Langstross/Grand'Rue, DZ ab 85,50 €. Hier haben vor langer Zeit schon Goethe und Voltaire genächtigt. Sehr harmonische, komfortable und individuell eingerichtete Zimmer, teilweise noch mit den effektvoll herausgearbeiteten Holzbalken des Fachwerkhauses aus dem 17. Jahrhundert. Viele geschmackvolle historische Zitate wie das Kathedralmodell im Foyer und das elsässische Frühstücksbuffet runden das Ambiente ab.

Puristisch und ruhig – **Hôtel du Dragon:** ■ **C 6,** 2, rue de l'Ecarlate, Tel. 03 88 35 79 80, www.dragon.fr, Tram: Porte de l'Hôpital, DZ ab 89 €. Zwei Häuser aus dem 17. Jahrhundert gruppieren sich um einen Innenhof. Die zeitgenössischen Zimmer sind in zurückhaltenden Weiß-Grau-Tönen gehalten, ergänzt wird dies von puristisch edlem Design. Das Hotel ist äußerst ruhig gelegen, etwas zurückversetzt vom Ill-Ufer in Finkwiller.

Zentral und individuell – **Maison Rouge:** ■ **Karte 2, C 6,** 4, rue des Francs-Bourgeois/Ecke Place Kléber, Tel. 03 88 32 08 60, www.maison-rouge. com, Tram: Langstross/Grand'Rue, DZ ab 101 €. Individuell in leuchtenden mediterranen Farben eingerichtete Zimmer mit üppigen Dekostoffen und ausgefallenen Bädern. In den Foyers stehen alte Möbel, Hannong-Fayencen und Spindler-Intarsienbilder, morgens wird ein reichhaltiges Frühstucksbuffet serviert. Es besteht aus warmen Gerichten wie Eier und Speck und kalten Speisen wie Wurst und Käse. Weiteres Plus: die zentrale Lage an der Place Kléber.

Luxus – **Régent Contades Golden Tulip:** ■ **E 5,** 8, av. de la Liberté, Tel. 03 88 15 05 05, www.regent-contades. com, Tram: Liberté, DZ ab 117 €. Der historistische Bau im großbürgerlichen wilhelminischen Viertel bietet Aussicht auf die Ill und die Kirche St-Paul. Das prunkvolle Treppenhaus und der hell verschnörkelte Frühstückssaal bewirken, dass man am liebsten nicht mehr abreist. Eckzimmer 205 hat einen großen Balkon.

Mittendrin: das Hotel Cathédrale

Essen und Trinken

Ein Paradies für Gourmets

Straßburg ist ein Synonym für Tafelfreuden sowohl in der Gourmand- als auch in der Gourmet-Liga, obwohl letztere in den vergangenen Jahren deutlich an Sternen verloren hat.

Dafür hat nun auch in Straßburg, einer Hochburg der klassischen französischen Küche, die zeitgenössische Fusion-Küche mit fernöstlichen Akzenten und minimalistischem Designinterieur Einzug gehalten.

Traditionelle elsässische Speisen

Der preiswerte Flammekueche *(tarte flambée)* – hauchdünner, im superheißen Steinbackofen kurz gebackener Brotteig mit einem Belag aus Crème fraîche, Speckstreifen und Zwiebeln – kommt auf dem Holzbrett mit einem Messer für den ganzen Tisch, man isst mit den Fingern. Eine Variante, *gratinée*, wird mit Käse (z. B. dem würzigen Munster) überbacken.

Typisch für Straßburg (und das übrige Elsass) ist die Winstub. In rustikalem Ambiente mit viel Holz und elsässischer Folklore-Deko kommt in der Regel Deftig-mächtig-Salziges aufs rot karierte Tischtuch wie Presskopf, Schweinshaxe, gehaltvolle Salate und hausgemachte Obsttorten. »Vom Schwein isst sich alles«, lautet das maßgebliche Sprichwort im Elsass.

Die Straßburger Metzger und ihre Erzeugnisse von Fleischwurst über Landjäger zu den berühmten *Knacks* (Brühwürstchen) sind in Frankreich einzigartig – deutsche Metzger brachten das Wurst-Know-how nach 1870/71 hierher. Die Winstubspeise schlechthin ist Sauerkraut (**choucroute**), das traditionell mit Räucherfleisch und Knacks serviert wird *(garni, Royale)*. Es kommt aber auch mit Fisch, *Canard confit* (eingemachter Ente) oder sogar Schnecken daher.

Das elsässische »Nationalgericht«, oft nur an bestimmten Tagen zu haben, ist der **Baeckeoffe**, einst ein Arme-Leute-Essen, in das am Sonntagabend die Fleischreste kamen, um am Montag im Ofen des Bäckers auf kleiner Flamme, dafür aber lange vor sich hin zu garen.

Im Gourmethimmel der **Spitzenküche** wird inzwischen fast überall eine raffiniert mit Einflüssen aus Asien oder dem Mittelmeerraum variierte traditionelle Regionalküche angeboten. Die Leibspeise der »Haute Cuisine Strasbourgeoise« ist natürlich **Foie gras**: Gänseleberpastete (s. S. 36), serviert mit Weingelee, Toast oder Brioche.

Wo bekommt man was?

Im **Salon de thé** bekommt man Gebäck/Konditoreiwaren und Kaffee, mittags auch kleine Snacks. Im eigentlichen **Café** nur Getränke von Kaffee bis Bier, in manchen Cafés aber auch kleine bis große Speisen. Die **Brasserie** ist dagegen keine »Brauerei«, sondern ein Bistro, wo man entweder nur einen Salat oder Flammkuchen, aber natürlich auch mehr essen kann. Übergänge zum **Restaurant** und zur **Winstub**, wo man mehrere Gänge isst, sind fließend.

Nur etwas trinken kann man in Cafés und Bars, seltener außerhalb der Stoßzeiten in einer Winstub oder Brasserie. Wer jetzt etwas verwirrt ist, fragt zur Sicherheit am besten einfach vor Ort nach.

Öffnungszeiten

Kernöffnungszeiten sind 12–14 und 18.30 (bei Winstubs) bzw. 19.30 (bei Restaurants) bis 22 Uhr. Montag und Sonntag sind die beliebtesten Ruhetage. Restaurantferien werden häufig in den Jan./Feb. oder auch in die Ferienzeit Juli/Aug. gelegt.

Der Siegeszug des Formule

Während der Abend die Zeit für das mehrgängige Menü mit viel Wein und offenem Ende bis spät in die Nacht ist, wird mittags schneller und weniger gegessen.

Immer öfter wird mittags und auch abends ein dreigängiges Formule zum festen Preis angeboten, aus dem man sich *entrée* (Vorspeise), *plat* (Hauptgericht) und Dessert oder auch nur zwei Gänge aussucht.

Günstiger essen

In der Regel ist ein vom Küchenchef zusammengestelltes Menü billiger als à la carte. Manchmal werden sogar passende Weine zu jedem Gang angeboten *(vins compris)*. Mittags zu essen kostet immer weniger als abends: eine gute Möglichkeit, die vielleicht sonst unerschwingliche Küche eines Spitzenrestaurants auszuprobieren.

Cafés

Die Kunst der Pâtisserie – **Christian:** ■ **Karte 2: D 6 und C/D 5,** 10, rue Mercière, Tel. 03 88 22 12 70, und 12, rue de l'Outre, Tel. 03 88 32 04 41, Tram: Langstross/Grand'Rue und Broglie, Mo–Sa 7.30–18.30 Uhr. Einer der besten Konditoren-Pâtissiers der Stadt: Eis, Pralinen, Konfekt, Kuchen und wahre Kunstwerke an Torten – die Auslage erfüllt höchste ästhetische Ansprüche. Der Salon de thé in der auf die Kathedrale zuführenden Rue Mercière ist ein verschachteltes Renaissancehaus – teilweise noch im Originalzustand.

Traditionskonditor – **Koenig:** ■ **Karte 2, C 6,** 10, rue des Francs Bourgeois, Tel. 03 88 32 28 36, Tram: Langstross/Grand'Rue, Mo 10–18, Di–Sa 9–18 Uhr. Brotspezialiäten, Fettgebackenes, kleine Pizzen, Früchte-Tartelettes und die verschiedensten Kougelhopfvarianten verkauft und serviert dieser Familienbetrieb in der siebten Generation; mittags gibt es kleine Speisen.

Gourmet-Lokale

Klassisch neu – **Au Crocodile:** ■ **Karte 2, D 5,** 10, rue de l'Outre, Tel. 03 88 32 13 02, www.au-crocodile.com, Tram: Broglie, Di–Sa 12–13.30, 19.30–21.30 Uhr, Menüs 72–139 €. Seit Jahrzehnten eine feste Adresse für Feinschmecker ist das Restaurant unter dem emblematischen Krokodil, das Kapitän Ackermann, Adjutant in der Armee General Klébers, am Nil erjagt und zum Aushängeschild seines hiesigen Lokals gemacht hat. Doch die Zeiten ändern sich. Der Doyen französischer Kochkunst, Emile Jung, hat das Zepter an Philippe Bohrer abgegeben – der Generationenwechsel im Luxussegment der Straßburger Kulinaria-

Essen und Trinken

Ess-Meilen

Das Viertel um die **Kathedrale** (Rue du Maroquin, Place du Marché aux Cochons de Lait) ist ein fruchtbarer Boden für relativ touristische Winstubs. Nicht immer, aber immer öfter gilt hier: Je hübscher die Fassade, desto mittelmäßiger das Essen. In den Gassen um die Rue des Tonneliers, Rue de l'Ecurie, Rue de l'Epine findet man eine Konzentration sowohl traditioneller als auch zeitgeistiger Restos. Restaurants, oft mit ethnischer Küche, und Snacks, im Sommer auch mit Tischen auf der Straße, säumen die Grand-Rue. Mehrere Restaurants und Winstubs finden sich sowohl am Quai des Bateliers (s. S. 46) als auch in den Vierteln Krutenau und Finkwiller (s. S. 48).

Szene hat wie vor einigen Jahren im Buerehiesel zu einem Verlust von Michelin-Sternen geführt, aber auch zu einer Verjüngung sowohl des – immer noch gediegenen, aber nicht mehr so aufdringlich neobarocken – Rahmens als auch der Speisekarte. Das 10-Gang-Menü wartet mit Köstlichkeiten wie Spargel mit Trüffelkaviar, Ravioli mit Langustinenschwänzen, Grünkohl und Pesto sowie einem Lamm in (nicht authentisch-historischer) Ackermann-Kruste auf. Das alles schmeckt auf Französisch natürlich noch viel besser. Weinliebhaber würden vermutlich gern einen mehrwöchigen Urlaub im Keller verbringen, der 65 000 Weinflaschen enthält.

Verschlankte Gourmetküche – **Buerehiesel:** ■ **G 4,** 4, parc de l'Orangerie, Tel. 03 88 45 56 65, www.buerehiesel.fr, Bus 6: Orangerie, Di–Sa 12–13.30, 19.30–21.30 Uhr, Mittagsmenü 37 €, abends 68 € und 95 €. Der Übergang des Feinschmeckertempels von Antoine auf seinen Sohn Eric Westermann war eine kleine Revolution. Und da die Herren des Michelin keine Revolutionen mögen, entzogen sie dem Filius gnadenlos alle drei Sterne – einen hat er jedoch inzwischen wieder. Gerade deswegen lohnt es sich, diese exzellente, noch entwicklungsfähige Küche kennenzulernen. Abends ist es besonders schön, denn

dann spaziert man durch den Orangeriepark auf das festlich erleuchtete Renaissancefachwerkhaus zu. Den lichten Speisesaalanbau, einen Wintergarten mit herrlichem Blick auf angestrahlte Baumriesen, hat der neue Hausherr genauso vorsichtig modernisiert wie die Küche: Das Buerehiesel ist nun schnörkelloser, leichter zugänglich – und preiswerter. Klassiker wie die *Pattes Noires*, ein Baeckeoffe-Hähnchen mit kandierter Zitrone und Topinambur sind geblieben, doch als Amuse Bouche kitzelt nun ein orientalisches Fischknödelchen die Geschmacksnerven. Es folgen etwa *Foie Gras*, gebratener Hecht auf Kartoffelkuchen und Weißkohl, geschmorte Feigen mit *Bibeleskassorbet*. Der Service ist perfekt. Beim Wein haben Sie die Wahl zwischen *vins de plaisir* ab 25 € und *vins de fête* bis zum 359-€-Burgunder.

Für Gourmets und Liebhaber historischer Gebäude – **Restaurant et Boudoir 1741** ■ **Karte 2**, D 6, 22, quai des Bateliers, Tel. 03 88 35 50 50, www.1741.fr, Tram: Porte de l'Hôpital, Do–Mo 11.30–14.30, 19–24 Uhr, Menüs 38–130 €. In einem historischen Bürgerhaus aus dem 18. Jh. gruppieren sich drei Salons in zeitgenössisch adaptiertem Barock sowie die moderne »Espace Cuisine« (offene Küche und Menu bistronomique zu 38 €) auf drei

Stockwerken um eine zentrale Treppe. Superbe Ausblicke auf die Ill sind garantiert. Die kleine, exquisite Speisekarte von Chefkoch Thierry Schwartz zeigt eine modern und individuell interpretierte Feinschmeckerküche, die dem Michelin einen Stern wert war. Bei Täubchen im Nest mit frischen Morcheln und Spargelspitzen und einem kunstvollen Millefeuille aus drei Schokoladen läuft einem das Wasser im Mund zusammen.

Gut und günstig

Hauchdünne bretonische Fladen – **La Crêpe Gourmande:** ■ **Karte 2, D 6,** 11, rue des Tonneliers, Tel. 03 88 22 12 82, Tram: Langstross/Grand'Rue, Di–Sa 12–14, Mo–Sa 18.30–23.30 Uhr, Crêpe ca. 8 €. Eine Riesenauswahl an *galettes* (salzige Crêpes), z. B. mit Tomaten und Ziegenkäse, und *sucrés* (Dessertcrêpes), z. B. mit Gewürzbrot, Zimteis und Sahne. Der Gastraum ist eng und intim, mit grünem Holz ausgestattet. Die herzliche *patronne* erklärt gern die Tagesangebote; im Sommer stehen Tische vor dem alten Fachwerkeckhaus.

Tartines-Kult – **L'Epicerie:** ■ **Karte 2, C 6,** 6, rue du vieux Seigle, Tel. 03 88 32 52 41, www.lepicerie-strasbourg. com, Tram: Langstross/Grand'Rue, tgl. 12–24 Uhr, *Tartine* 5 €. Zwischen ausgesucht altertümlicher Einrichtung trifft sich die Straßburger Jugend in dem kleinen, überaus kommunikativen Raum irgendwo zwischen Restaurant und Café. Es gibt Suppen, Salate und eine große Auswahl an *Tartines*, z. B. mit Pflaumen und Blauschimmelkäse. Die Übersetzung, »(heiße) Stulle«, wird der kleinen Köstlichkeit nur annähernd gerecht.

Studentisch – **Flam's:** ■ **Karte 2, D 5,** 29, rue des Frères, Tel. 03 88 36 36 90, Tram: Broglie, tgl. 11.30–24 Uhr, Flammkuchen ab 5,60 €, Flam und Vor- oder Nachspeise 14,80 €, das Kindermenü mit Dessert und Getränk (3,95 €) gibt's Sonntagmittag gratis. In leuchtend rotgelbem, modernem Ambiente kommen bei diesem freundlichen kleinen Kettenrestaurant große Bretter mit Flammkuchen auf den Tisch: überbacken, mit Ziegenkäse und Honig, mit Munster oder Hackfleisch, provenzalisch oder indisch.

Zum Reinbeißen: Zwetschgen-Tarte

Willkommen an Bord im La Cambuse

Design-Snack – **Sécrets de Table:**  **Karte 2, C 6,** 39, rue du 22 Novembre, Tel. 03 88 21 09 10, www.secrets-de-table.fr, Tram: Homme de Fer, Mo–Sa 8.30–18 Uhr, Sandwiches ab ca. 4 €. Jean, der Bruder Eric Westermanns vom »Buerehiesel«, bietet in seinem minimalistischen kleinen Schnellrestaurant aus hellem Holz Suppe, Salate, überbackene Brote, gefüllte Baguettes und Nachtisch aus frischen Qualitätsprodukten und selbst gebackenem Brot. Zeitgenössische Rezepte wie Karotten-Koriander-Honig-Suppe oder Baguette mit Thunfisch und Salat. Die wenigen Tische zum Sitzen und Stehen füllen sich in schnellem Wechsel.

Szene und Ambiente

Kühne Kombinationen – **Le Gavroche:**  **Karte 2, D 6,** 4, rue Klein, Tel. 03 88 36 82 89, www.restaurant-gavroche.com, Mo–Fr 12–13.30, 19.30–22 Uhr, 3-Gang-Menüs 32–80 €. Schickes, intimes Ambiente in den momentan angesagten Schokoladentönen. Küchenchef Benoît Fuchs erfüllt höchste Ansprüche und traut sich was: Thunfisch in Speck an Gänseleber und Artischockenkaviar.

Sushi-Bar – **Moozé:**  **Karte 2, C 6,** 1, rue de la Demi-Lune, Tel. 03 88 22 68 46, Tram: Langstross/Grand'Rue, Mo–Sa 10–14, 17–22.30 Uhr, Sushi-Platte 14 €. Vieles hier kommt einem japanisch vor, so das umlaufende Kaiten-Förderband, von dem man sich nach einem Farb-Preiscode markierte Sushi- und Sashimi-Happen nimmt. Die Einrichtung ist ultra-minimalistisch, die Klientel hip, der Geräuschpegel hoch.

Moderne Kräuterküche – **Le Petit Ours:**  **Karte 2, D 6,** 3, rue de l'Ecurie, Tel. 03 88 32 13 21, www.resto-petitours.com, Tram: Langstross/Grand'Rue, tgl. 12–14, 19–22.30, Fr, Sa bis 23 Uhr, Formule Midi 11,90 €, 3-Gang-Menü 29,50 €. Die zeitgenössische Einrichtung mit Holz, Korbstühlen und viel bunter Kunst passt zur Küchenphilosophie, die sich um Kräuter- und Gewürzthemen mit teils gewagtem Kombinationen dreht: Zanderfilet mit Vanille-

96

Sahne-Sauce, honiglackierte Entenbrust mit Gewürzbrot. Im Keller sitzt man unter einer alten Gewölbedecke.

Perfekte Fusion zwischen Elsass und Asien – **Umami:** ■ **Karte 2, C 6,** 8, rue des Dentelles, Tel. 03 88 32 80 53, www.restaurant-umami.com, Tram: Langstross/Grand'Rue, Sa, So 12–13.30, Mo, Di, Fr, Sa, So 19.30–21.30 Uhr, 3-Gang-Menü 49,50 €. Die sieben Tische im modernen weiß-beige-roten und mit dezenten japanischen Zitaten geschmückten kleinen Raum sind jeden Abend ausgebucht. In entspannter Atmosphäre, im Hintergrund das beruhigende Brutzeln aus der kleinen Küche, reicht der weitgereiste Starkoch René Fieger, vom Michelin mit einem Stern bedacht, seiner Frau die Teller durch eine Anrichte. Die Speisekarte umfasst nur zwei Vorspeisen, z. B. Jakobsmuschel-Carpaccio auf Kohl mit Wasabi, zwei Hauptgerichte, einmal Fisch, einmal Fleisch, z. B. Hirschkuhsteak mit Kokospüree, und ein Dessert, z. B. Kürbis-Crème brûlée mit Birnen und salzigen Kürbiskernen. Die ausgesuchten offenen Weine sind wie das Menü auf diesem kulinarischen Niveau ein wahres Schnäppchen. Umami ist japanisch und bedeutet »schmackhaft«. Dem ist nichts hinzuzufügen.

Typisch Straßburg

Straßburgs Entenhausen – **Ancienne Chapelle:** ■ **Karte 2, D 6,** 2b, pl. des Orphelins, Tel. 03 88 35 35 37, Tram: Porte de l'Hôpital, Mo 19–22, Di–Sa 12–14, 19–22 Uhr, à la carte ca. 25–40 €. Überall in dem rustikalen, engen Krutenau-Häuschen sind Enten: in der Deko und auf der Speisekarte, eingelegt, mit Pflaumen, auf Sauerkraut. Die deftige Küche des französischen Südwestens wird hier serviert.

Maritim – **La Cambuse:** ■ **Karte 2, C 6,** 1, rue des Dentelles, Tel. 03 88 22 10 22, Tram: Langstross/Grand'Rue, Di–Sa 12–14.30, 19.30–22.30 Uhr, à la carte 60–75 €. Frischer, köstlich zubereiteter Fisch und Meeresfrüchte – Krabben mit thailändischen Kräutern, Lotte mit Shiitakepilzen und Koriander – kommen an acht begehrten Tischen auf den Teller; dazu munden die frischen Elsässer-Weine. Das Interieur mit Holz und Messing ist einem Boot nachempfunden. Vom Michelin gab's dafür einen Stern.

Klassiker in Straßburgs schönstem Fachwerkhaus – **Maison Kammerzell,** ■ **Karte 2, D 6,** s. S. 33.

Gourmetküche preiswert – **Le Pont aux Chats:** ■ **Karte 2, E 6,** s. S. 50.

Vegetarisch

Bio muss nicht teuer sein – **Une Fleur des Champs:** ■ **Karte 2, D 5,** 4, rue des Charpentiers, Tel. 03 90 23 60 60, http://unefleurdeschamps.fr, Tram: Bro-

---

Und wo wird man sonntags und montags satt?

An diesen beiden Tagen hat so ziemlich jedes Restaurant geschlossen. Ausnahmen sind in der Gourmetliga das **Pont aux Chats und das 1741** sowie die Winstubs **Tire-Bouchon, Strissel, Chez Yvonne** und **Ami Schutz.**

Essen und Trinken

glie, Mo–Sa 12–14, Di–Sa 19–22 Uhr, Tagesgericht 11 €. Naturholz, Schiefertafeln und ein angeschlossener Bio-Laden zeigen, dass man es hier ernst meint mit nachhaltiger Ernährung. Nicht strikt vegetarisch, da es auch Fisch gibt, aber alles ansprechend präsentiert.

Klassiker der Bio-Küche – **Poêles de Carottes:** ▪ **Karte 2, C 6,** 2, pl. des Meuniers, Tel. 03 88 32 33 23, Tram: Langstross/ Grand'Rue, Di–Sa 12–14, 19–22.30 Uhr, Mittagsmenü 12,90 €. Bio-Produkte, wo irgend möglich, verarbeitet die Küche dieses farbenfrohen, alternativen Restaurants zu üppigen Portionen von Pizza, Nudeln und einem täglich wechselnden Menü, z. B. Blumenkohl-Sellerie-Suppe, Kürbisrisotto mit Parmesan und Kürbispudding. Im Sommer kann man auch draußen sitzen.

Winstubs

Eine Institution – **Chez Yvonne (S'Burjerstuewel):** ▪ **Karte 2, D 5,** 10, rue du Sanglier, Tel. 03 88 32 84 15, www.restaurant-chez-yvonne.net, Tram: Broglie, tgl. 12–14.15, 18–24 Uhr, Hauptgericht ca. 12–25 €. Diese Winstub par excellence eignet sich sogar zum Ausführen von Staatsgästen wie Jelzin und Gorbatschow – holzvertäfelte Wände und Decken, Holzbänke, rot-weiß karierte Tischtücher, alles verteilt auf zwei Stockwerke. Wegen der langen Öffnungszeiten ist das Lokal gerade auch bei Nachtschwärmern beliebt.

Die weite Welt des Sauerkrauts – **La Choucrouterie:** ▪ **Karte 2, C 6,** 20, rue St-Louis, Tel. 03 88 36 52 87, Tram: Porte de l'Hôpital, Di–Fr 12–14.30, Di–So 18.30–1 Uhr, Sauerkrautgerichte ca. 15 €. In einer ehemaligen Sauer-

Hier tafelte schon Gorbatschow: Winstub Chez Yvonne

krautfabrik führt der »elsässische Barde« Roger Siffer diese von Künstlern, grünen Politikern und Anhängern der ›elsässischen Renaissance‹ frequentierte Winstub, charmant mit Antiquitäten, Flohmarkttrödel, Glasperlenlampen und Tomi-Ungerer-Grafiken eingerichtet. Die innovative Regionalküche kennt neben Baeckeoffe mehrere Sauerkrautarten, darunter mit Räucherfisch, mit geräucherten Entenschenkeln und Zwiebelkonfitüre sowie (auf Vorbestellung) eine Variante auf jüdische Art mit Räucherrindfleisch und Knoblauchwurst. Zum dazugehörigen elsässischen Theater/Kabarett (s. S. 109) geht man nur kurz einmal über den Hof.

Traumhaft – **Finkstuebel:** ■ **Karte 2, C 6,** 26, rue Finkwiller, Tel. 03 88 25 07 57, www.restaurant-finkstuebel.com, Tram: Langstross/Grand'Rue, Di–Sa 12–14, 19–23 Uhr, Hauptgericht 15–25 €. Bemalte Holzpaneele an Wand und Decke, Fachwerkbalken und Wandbild ergeben eine geschmackvolle, gemütliche Winstubeinrichtung. Neben der üblichen Winstubkarte werden eine erstaunliche Auswahl verschiedener *Foie gras* sowie innovative Speisen wie Big Mac aus Lachs und Matjes angeboten. Kein Wunder, dass jeder Tisch besetzt ist.

Historisch – **Pfifferbriader:** ■ **Karte 2, D 6,** 14, pl. du Marché aux Cochons de Lait, Tel. 03 88 24 46 56, Tram: Porte de l'Hôpital, Mo–Fr 11.30–14.30, Sa/So 11.30–15, Mo–Do, So 18.30–22, Fr/Sa 18.30–23 Uhr, Aug. geschl., Menü ab 24 €. Die letzte erhaltene der mittelalterlichen Verkaufsbuden um das alte Schlachthaus ist ein zweistöckiges Zwergenhaus mit Buntglasfenstern und rustikalem Interieur. Obwohl hier weniger Einheimische als Touristen reinschauen, sind die elsässischen Stammgerichte wie Choucroute

und Baeckeoffe in gekonnter Manier zubereitet.

Comme il faut – **S'Thomas Stuebel:** ■ **Karte 2, C 6,** 5, rue du Bouclier, Tel. 03 88 22 34 82, Tram: Langstross/ Grand' Rue, Di–Sa 12–13.30, 19–21.30 Uhr, Tagesgericht 13 €. Stets gut besuchte, unprätenziöse Winstub im Viertel um die Kirche St-Thomas. Der kontaktfreudige Wirt empfiehlt die Tagesgerichte wie Fleischschnacka – Samstag ist Baeckeoffe-Tag – oder halbe Portionen als Vorspeise wie einen Salat mit Geflügelleber und Himbeeressig.

Verschachtelt – **Tire-Bouchon:** ■ **Karte 2, D 6,** 5, rue des Tailleurs-de-Pierre, Tel. 03 88 22 16 32, www.letire bouchon.fr, Tram: Langstross/Grand' Rue, tgl. 11.30–15, 18–24 Uhr, Hauptgericht ca. 17 €. Die Obergeschosse in der winzigen Gasse scheinen himmelwärts zusammenzuwachsen. Unter Stichen mit elsässischen Motiven, in vielen schmalen Räumen mit kleinen Tischen, isst man Deftiges wie Jambonneau oder Feines wie Duo von Gänseleberpastete. Ausgezeichnete Karte elsässischer Wein.

Das Elsass wie aus dem Hansi-Bilderbuch – **Zuem Strissel:** ■ **Karte 2, D 6,** 5, pl. de la Grande Boucherie, Tel. 03 88 32 14 73, www.strissel.fr, Tram: Porte de l'Hôpital, tgl. 11.30 –14.30, 19–23 Uhr, Hauptgericht ca. 17 €. Unter dem Straußenzeichen ist durchgängig geöffnet, und man kann sich – auch das ist in den Straßburger Winstubs einzigartig – auch nur etwas zu trinken bestellen. Touristen und Stammgäste lassen sich die Standardgerichte (anständig, nicht mehr) zwischen bleiverglasten Fenstern mit Zunftwappen, klobig Geschnitztem und barocköser Holzvertäfelung schmecken.

Einkaufen

Einkaufsparadies Straßburg

Straßburg ist ein Einkaufsparadies, das auch viele Tagesbesucher aus den angrenzenden deutschen Regionen nutzen. Das Preisniveau entspricht in etwa dem deutschen, nur dass die teuren Dinge vielleicht noch einen Tick teurer sind. Die Übersichtlichkeit und das enge Beieinander von Geschäften, Cafés und Restaurants tragen wesentlich zum entspannten Shoppen bei. Dicht an dicht finden Sie hier Mode, Kulinaria und Deko.

Öffnungszeiten

Kernöffnungszeiten sind 10–19 Uhr, montagmorgens hat fast alles zu. Einige Geschäfte schließen über Mittag.

Einkaufsviertel nördlich der Kathedrale (▶ C/D 5/6)

In dem teils labyrinthischen Gewirr kleiner Gassen reiht sich Geschäft an Geschäft, eine überzeugende Einladung zum mehr oder weniger ziellosen Schaufensterbummel. Die meisten Geschäfte liegen nördlich und westlich der Kathedrale. Das Viertel, ein grob rechteckiger Bereich, wird von den Geschäftsstraßen Rue des Hallebardes, Rue du Dôme, Rue de la Mésange/Rue de la Haute-Montée und Rue des Grandes Arcades gebildet (Kleidung, Deko, aber auch Feinkost, s. S. 78). Dabei geht es um die Place Kléber etwas gewöhnlicher zu als in dem feineren Ladenbereich um Rue de l'Outre/Place du Temple Neuf.

Mode-Meilen

Edelmarken wie Armani, Gucci, Georges Rech, Chanel oder Yves Saint Laurent gibt es in lockerer Konzentration an der Rue du Vieux Marché aux Poissons, der Rue du Temple Neuf und an der Rue de la Mésange. Preiswertere Mode der ubiquitären internationalen Labels findet man vor allem an der Rue des Grandes Arcades.

Einkaufs-ABC

alimentation	Lebensmittel
antiquités	Antiquitäten
boucherie	Metzgerei
boulangerie	Bäckerei
brasserie	Brauerei
brocante	Trödel
charcuterie	Wurstwaren
fromagerie	Käseladen
grand magasin	Kaufhaus
librairie	Buchhandlung
libre service	Selbstbedienung
maroquinerie	Lederwaren

Einkaufsmeile Grand-Rue

Eine intime, fast dörflich entspannte Einkaufsatmosphäre findet man an der Grand'Rue, die schnurgerade durch den östlichen Teil der Innenstadt verläuft. Die Angebotspalette ist breit und reicht vom Teeladen zum Friseur, doch konzentriert kommen Geschäfte mit Schuhen, Kinderkleidung, Dessous und Boutiquen vor. Preiswerte Imbisse und ethnische Restaurants sprenkeln die bunte Einkaufswelt.

Bücher und CDs

Für Kinder – **La Bouquinette:** ■ **Karte 2, D 5,** 28, rue des Juifs, Tram: Broglie, Mo 14–19, Di–Fr 10–12.30, 13.30–19, Sa 10–19 Uhr. Diese gemütliche Buchhandlung für Kinder und Jugendliche von 0–16 Jahren verkauft nicht nur Harry Potter, sondern hat es sich zum Ziel gesetzt, die Kids für die Literatur zu begeistern. Daneben sind Hörbücher, CD-Spiele und nette Deko-Nippes-Sachen im Angebot.

Großbuchhandlung – **Librairie Kléber:** ■ **Karte 2, C 5/6,** 1, rue des Francs Bourgeois/pl. Kléber, www.librairie-kleber.com, Tram: Homme de Fer, Mo–Sa 10–19 Uhr. Ausgezeichnet sortierte Großbuchhandlung, gute Auswahl an Reiseliteratur und elsässischen Themen, berühmt für ihre regelmäßigen Autorenlesungen.

Delikatessen und Lebensmittel

Für Naschkatzen – **Au Doux Pays de France:** ■ **Karte 2, D 5,** 5, rue du Dôme, http://audouxpaysdefrance.chez-alice.fr, Tram: Broglie, Mo 14–18, Di–Fr 9–19, Sa 9–18 Uhr. Ein Puppenhaus der süßen Genüsse, französische Kultur pur: Schokolade mit Zimt, Marc de Gewürztraminer u. v. m.

Gänseleber und mehr – **Boutique Edouard Artzner:** ■ **Karte 2, C 5,** 7, rue de la Mésange, www.edouard-artzner.com, Tram: Homme de Fer, Mo 14–19, Di–Fr 9–19, Sa 8.30–18 Uhr. In dem hellen Verkaufsraum gibt es Gänseleber in allen Varianten und Feinkost, nun, vom Feinsten. Im Obergeschoss kann man in einer Brasserie essen, ein Angebot, das viele Hiesige annehmen.

Tee – **Le Thé des Muses:** ■ **Karte 2, C 6,** 51, rue du Fossé des Tanneurs, www.direct-tea.net, Tram: Langstross/Grand'Rue, Mo 14–19, Di–Sa 10–19 Uhr. An die 300 Teesorten – schwarz, grün, weiß, viele verschiedene Früchte – verkauft dieses kleine Geschäft, dazu apartes Teegeschirr. Ein Salon de Thé ist angeschlossen, im Hintergrund läuft Zen-Musik.

Die Hölle für Kalorienzähler – **Thierry Mulhaupt:** ■ **Karte 2, D 6,** 18, rue du Vieux Marché aux Poissons, www.mulhaupt.fr, Tram: Langstross/ Grand' Rue, Di–Do 8.45–12.15, 13.30–18.30, Fr 8.30–12.15, 13.30–18.30, Sa 8.30–12.30, 13.30–18.30, So 8.30–12 Uhr. Meisterkreationen aus bitterer, weißer und Milchschokolade, Blätterteigtörtchen, Kougelhopf und Gewürzbrot.

Alles, was gut schmeckt – **Traiteur Kirn:** ■ **Karte 2, C 5/6,** 19, rue du 22 Novembre, www.kirn-traiteur.fr, Tram: Homme de Fer, Mo 9–19, Di–Do 8–19, Fr, Sa 7.30–19 Uhr. Die Auslagen lassen einem das Wasser im Mund zusammenlaufen: Gänsestopfleber, Winzertorte, Terrinen, Wurstwaren, Salate, Fisch und Fleisch sowie viele köstliche Gerichte, die zu Hause nur aufgewärmt werden müssen – man kann sie aber auch gleich im Restaurant im 1. Stock verzehren.

Backkunst vom Feinsten – **Woerlé:** ■ **Karte 2, D 6,** 10, rue de la Division Leclerc, Tram: Langstross/Grand'Rue, Mo–Fr 7.30–19, Sa, So 7–19 Uhr. Die Straßburger Bäcker sind berühmt für ihre abwechslungsreichen Holzofen- und Graubrote, die süßen oder salzigen Brezeln, für Lebküchle, Bredele, die in den einfallsreich geschnitzten Springerle-Holzformen gebacken werden, und viele Kuchen *(tartes)* mit Zwetschgen, Heidelbeeren, Äpfeln, Rhabarber oder Quitten.

Trödel- und Antiquitätenmärkte

Marché aux livres: ■ **Karte 2, D 6,** pl. und Rue Gutenberg/Rue des Hallebardes, Tram: Langstross/Grand'Rue, Di, Mi, Sa 9–18 Uhr. An den drei Tagen der Woche verwandelt sich die Place Gutenberg in ein riesiges modernes Antiquariat: Schnäppchen, alte Bücher, Postkarten, Poster, Briefmarken.

Marché à la brocante: ■ **Karte 2, D 6,** Rue du Vieil Hôpital/pl. de la Grande Boucherie, Tram: Langstross/Grand'Rue, Mi und Sa 7–16 Uhr. Zahlreiche Trödelhändler aus der gesamten Region bieten Möbel, Kleidung, Glas, Bücher, Schmuck und Bilder zum Verkauf an.

Geschenke, Souvenirs, Design

Authentisches Kunsthandwerk – **Art Collections d'Alsace:** ■ **Karte 2, D 6,** 4, pl. du Marché aux Poisson, www.arts-collections-alsace.com, Tram: Porte de l'Hôpital, Di–Fr 10–12, 14–19, Sa 10–12, 14–18 Uhr. Von Elsässer Kunsthandwerkern hergestellte bemalte Möbel, Keramik, Tischdecken, Kissen, Glasmalerei u. v. m., mal traditionell, aber auch in einer moderneren Linie.

Spielzeugparadies – **Le Bilboquet:** ■ **Karte 2, C/D 6,** 1, rue de la Lanterne, www.lebilboquet.fr, Tram: Langstross/Grand' Rue, Mo 14–18.45, Di–Do 10–12.45, 14–18.45, Fr, Sa 10–18.45 Uhr. Das Spielzeug hier, qualitativ hochwertig und viel aus Holz, ist nicht so exzessiv pädagogisch wertvoll, dass Kinder es langweilig fänden. Es gibt Plüschtiere, Burgen und Küchen, Schaukelpferde, Gesellschaftsspiele und, ja, auch Plastikfigürchen.

Partykostüme – **Fiesta Republic:** ■ **Karte 2, C/D 6,** 20, rue du Vieux Marché aux Grains, www.fiesta-republic. com, Tram: Langstross/Grand'Rue, Mo 14–18, Di–Sa 10–19 Uhr. Partykostüme (karnevals- und halloweentauglich) mit Schwerpunkt Grusel, Accessoires von der ausgestopften Ratte über Hexenbesen bis hin zu Perücken, Masken und Luftballons.

Zeitgenössisch – **Habitat:** ■ **Karte 2, C 5,** 22/24, pl. Kléber, www.habitat. fr, Tram: Homme de Fer, Mo–Sa 10–19 Uhr. Möbel, Leuchten, Tischdeko und Design-Kinkerlitzchen zum Verschenken und Zuhause-Hinstellen.

Küchendesign – **Kitchen Bazaar:** ■ **Karte 2, C 5,** 16, rue du 22 Novembre, www.kitchenbazaar.fr, Tram: Langstross/Grand-Rue, Mo 14–19, Di–Sa 10–19 Uhr. Sie suchen eine peppige Pfeffermühle, einen Schnellkochtopf, popfarbene Eiswürfelbehälter oder scharfe Messer ? In diesem zeitgenössisch schicken Geschäft einer französischen Kette finden Sie alles.

Mode und Accessoires

Schickes Einkaufszentrum – **Galerie Commerciale d'Aubette:** ■ **Karte 2, C 5,** pl. Kléber, www.laubette.com, Tram: Homme de Fer, Mo–Sa 10–20 Uhr. Wie von einer Galerie gehen die Geschäfte vom edlen lichten Gang in der renovierten Aubette ab: Benetton, Zara, Vert ici, ein Laden für Säfte, Suppen und Sandwiches, und die Brasserie de l'Aubette.

Hier kauft die »normale« Straßburgerin – **Centre Commercial des Halles:** ■ **Karte 2, C 5,** pl. des Halles, www.placedeshalles.com, Tram: Homme de Fer, Mo–Sa 9–20 Uhr. In diesem riesigen Einkaufszentrum auf zwei Etagen gibt es alles, was das Herz begehrt, viel von der preiswert-billigen Sorte: Kleidung, Schuhe, Spielzeug, Parfüm; Lebensmittel findet man in den Galeries Gourmandes.

Edel – **Chacok:** ■ **Karte 2, D 6,** 22, quai St-Nicolas, www.chacok.com, Tram: Porte de l'Hôpital, Di–Sa 10–12, 14–19, Sa bis 18 Uhr. Ausgefallene farbenfrohe Prêt-à-porter-Mode einer aus Frankreichs Süden stammenden Modedesignerin.

Für die Kleinen – **Compagnie des Petits:** ■ **Karte 2, C 6,** 107, Grand'Rue, www.lacompagniedespetits.com, Tram: Langstross/Grand'Rue, Mo 13–19, Di–Sa 10–19 Uhr. Farbenfrohe, praktische, nicht allzu teure Hosen, Röcke, Jacken, Handschuhe etc. für Kids bis zu 10 Jahren.

Kaufhaus für Fashionistas – **Galeries Lafayette:** ■ **Karte 2, C 6,** 34, rue du 22 Novembre/pl. Kléber, www.galerieslafayette.com, Tram: Homme de Fer, Mo–Sa 9–20 Uhr. Das vierstöckige Edelkaufhaus verführt auf den ersten Blick durch schicke Angebote im Erdgeschoss: Parfüms, Schals, Sonnenbrillen, Taschen, Schuhe etc. In den oberen Etagen gibt es Kleidung, Haushaltswaren, Spielzeug u. v. m. Im dritten Stock bietet der Design-Snack *Secrets de Table* Kleinigkeiten zum Essen für zwischendurch, Mo–Sa 11–18 Uhr.

Luxustaschen – **Lancel:** ■ **Karte 2, C 5,** 9, pl. Kléber, www.lancel.com, Tram: Homme de Fer, Mo–Sa 10–19 Uhr. Das Schaufenster präsentiert die edlen Lederwaren wie Kunstobjekte. Am Handgelenk einer Dame von Welt kommt eine Lancel-Tasche einem Statement gleich. Im Ausverkauf bekommt man Schnäppchen für 750 €, die vorher 1000 € gekostet haben.

Parfum und Modeschmuck – **L'Artisan Parfumeur:** ■ **Karte 2, C/D 5,** rue de l'Outre, www.artisan-parfumeurstrasbourg.com, Tram: Homme de Fer, Mo 14–19, Di–Sa 10–19 Uhr. Neben exquisiten Parfums verkauft der kleine Laden aparten, auf Alt getrimmten Glitzerschmuck.

Ausgefallene Hutmode – **Sophie Peirani:** ■ **Karte 2, C 6,** 61, rue du Fossé-des-Tanneurs, Tram: Langstross/Grand'Rue, Mo 14–19, Di–Sa 10–19 Uhr. Die Absolventin der Kunsthochschule kreiert und fertigt in ihrem Atelier fantasievolle Hutmodelle und ebensolchen Schmuck.

Wochenmärkte

Feinschmeckerstände und mehr – **Boulevard de la Marne:** ■ **F/G 5,** Tram: Observatoire, Di, Sa 7–13 Uhr. Der größte Wochenmarkt Straßburgs bietet eine reiche Auswahl an Fisch, Käse, Honig, Gemüse, Blumen, Fleisch, Charcuterie namhafter elsässischer Produzenten, dazu exotische Genüsse sowie Kleidung und Haushaltswaren.

Erzeugermarkt – **Marché aux producteurs:** ■ **Karte 2, D 6,** rue de la Douane, Tram: Porte de l'Hôpital, Sa 7–13 Uhr. Honig, Käse, Obst, Fleischwaren vom Erzeuger, meist aus biologischem Anbau, mit etwas alternativem Flair. Nur wenige Stände versammeln sich um den witzigen Fischbrunnen neben dem Palais Rohan.

Ausgehen – abends und nachts

Strass'Night

Das sind etwa 50 000 Studenten, Tausende von Besuchern aus aller Herren Länder, arrivierte Straßburger und der ganze Tross der Europastadt, die zwar nicht alle jede Nacht, aber doch immer öfter auf die Piste gehen. So mittelalterlich-gemütlich die Altstadt ist, hier werden die Bürgersteige definitiv nicht zu früher Stunde hochgeklappt.

Vor allem im Sommer brodelt das junge Leben. Am späten Nachmittag, nach Geschäfts- und Büroschluss, nimmt man gegen 17, 18 Uhr seinen *apéro*, bei warmer Witterung an einem der Freilufttische, die Restaurants, Bars und Cafés auf Bürgersteige und Plätze gestellt haben.

Gegen 1 Uhr wird hier das letzte Bierchen getrunken, doch in den Clubs und Discos geht es dann erst richtig heiß her. Vor 22, 23 Uhr lässt man sich hier selten blicken. Lieber geht man erst einmal ins Kino, essen oder sitzt einfach draußen ungezwungen beieinander.

Öffnungszeiten und Preise

Hauptausgehtage sind wie überall Freitag/Samstag, dann haben die Etablissements alle länger geöffnet, meist bis gegen 4, 5 Uhr *du mat'*, am Morgen. Doch auch in der Woche gibt's bis mindestens 1 oder 2 Uhr die Möglichkeit zum Feiern. Viele Clubs und Discos haben Tage mit freiem Eintritt, meist sind das die weniger angesagten Tage von Dienstag bis Donnerstag. Mit einem Eintritt von um die 10 € sollte man rechnen. Pause zum Ausruhen ist meist der Montag, wenn viele Läden geschlossen haben und der Nachtmensch sich endlich von den Anstrengungen des Wochenendes erholen kann.

Die Nightlife-Zentren

Die Großraum- und Multi-Fun-Tempel liegen außerhalb in den Vororten, in der Stadt gibt es eher kleinere Discos und Bars. Die Zentren des Nachtlebens in der Stadt sind die **Place du Marché Gayot** (▶ Karte 2, D 5/6, s. S. 42, kurz auch PDMG) und die Viertel **Krutenau** und Finkwiller südlich der Ill (▶ D–F 6).

In Krutenau, das nördlich ans Universitätsviertel grenzt, und dem westlich benachbarten Finkwiller ist die Szene aufgrund der größeren Ausdehnung nicht so konzentriert und eher studentisch, während sich am PDMG ein bunt gemischtes, wenn auch vorrangig junges und schönes Publikum trifft.

Kartenvorverkauf

In der **Boutique Culture** (■ Karte 2, D 6) gegenüber dem Münster bekommt man Karten für beinahe alle Theater-, Konzert- und Festivalaufführungen. Untergebracht in der ehemaligen Pharmacie de Cerf, widmet sie sich ausschließlich der Straßburger

Kultur (Tel. 03 88 23 84 65, www.
strasbourg.eu/culture, Tram: Lang-
stross/ Grand'Rue, Di–Sa 12–19 Uhr).

Ein 14-tägiger kostenloser Veranstaltungskalender liegt jeden 2. Montag kostenlos aus und ist zusätzlich im
Fenster ausgehängt.

Eine andere Vorverkaufsstelle ist die
FNAC: ■ **Karte 2, C 5,** 22, pl. Kléber,
Tel. 0825 02 00 20, www.fnac.com/
strasbourg, Tram: Homme de Fer, Mo–
Fr 10–19, Sa 9–19 Uhr.

Programminfos

»Station Service Strasbourg« ist ein
kostenloses monatliches Programm-
heft zu sämtlichen Veranstaltungen in
Straßburg. Es liegt in der Boutique Culture und der Touristeninformation aus.
»Spectacles. A Strasbourg et alen-
tours« ist ebenfalls monatlich, kostenlos und in den oben erwähnten Info-
points zu finden.

Hier werden Theater, Kino-, Konzert-
veranstaltungen, tourende Künstler, Bücher und Interessantes für Kinder nicht
nur aufgelistet, sondern auch kommen-
tiert. Im Internet findet man sie unter
www.spectaclespublications.com. Beide Hefte sind auf Französisch.

Son et Lumière

Juli/August haben die Licht- und Ton-
Shows Hochsaison, bei denen mit musikalischer Untermalung die Kathedrale und historische Gebäude in ihrem
Umkreis effekt- und stimmungsvoll an-
gestrahlt werden.

Bis zum Morgen

Bis in den frühen Morgen, also bis 6, 7
Uhr, kann man in diesen Bars/Clubs feiern (oder durchhängen): Le Rock City
(Do, Fr, s. S. 107), Le Seven (s. S. 108)
und La Salamandre (s. S. 108).

Bars und Kneipen

Beliebte Bierbar – **Academie de la
Bière:** ■ **Karte 2, C 6,** 17, rue
Adolphe Seyboth, Tram: Langstross/
Grand'Rue, tgl. 11–4 Uhr. Das Interieur
in dunklem Holz schafft eine ent-
spannte, überwiegend studentische
Atmosphäre. Es gibt 70 verschiedene
Biersorten, ausgefallene Biercocktails
und als Grundlage deftige elsässische
Speisen.

*Improvisationstheater und Nachtbar
–* **Au Camionneur:** ■ **B 5,** 14, rue
Georges-Wodli, www.au-camionneur.
fr, Tram: Gare Centrale, Mo–Fr 11.30–
15, Di–Do 19–1.30, Fr, Sa 19–4 Uhr.
Seit Jahren ist »der Lastwagenfahrer«
ein angesagter, individueller Ort des
Straßburger Nachtlebens. Mittags gibt
es in einem holzgetäfelten Raum mit
Brasserieatmosphäre preiswerte Teller-
gerichte. Abends finden Themenabende, Improvisationstheater, Café-Theater
und heiße Spektakel statt, bei denen
auch getanzt wird.

Alternativer Avantgarde-Club – **Bar
L'Elastic:** ■ **Karte 2, E 6,** 27, rue des
Orphelins, Tram: Porte de l'Hôpital, Mo–
Fr 17–3, Sa 18–4, So 18–3 Uhr. Eine
von Straßburgs wirklich einzigartigen
Adressen für Clubber. Hinter der farbenfrohen Fassade erwartet einen ein
postmodern-psychedelisches, aber
ziemlich chaotisches Interieur mit einer
flippigen, eigentlich in keine Schublade
passenden Klientel. Die Musik, zu der
auch getanzt wird, ist stets der neuste
Trend: Metal, Breakbeat, Ragga.

Cineastentreff – **Bar du 7ème Art:** ■
Karte 2, C 5/6, 18, rue du 22 Novembre, Tram: Alt Winmärik, Mo–Do 8–24,
Fr, Sa 8–1.30. Die leise, entspannte Bar
mit einem Zugang zum Etoile-Kino ist

etwas für Cineasten, die sich hier in Filmzeitschriften informieren und in aller Ruhe diskutieren können. An den Billardtischen im Erdgeschoss kann man täglich von 18–1 Uhr die Kugeln rollen lassen.

Mit Mann am Klavier – **Bugatti Bar:** ■ **D 3,** av. Herrenschmidt, im Hilton Hotel, www.hilton-strasbourg.com, Tram: Place de Bordeaux, Mo–Sa 12–1, So 12–24 Uhr. Edle Bier- und Cocktail-Bar in Designerholz, dezente, jazzige Hintergrundmusik, Donnerstag bis Samstag und Sonntagmittag live vom Piano. Für den nächtlichen kleinen Hunger werden rund um die Uhr Snacks gereicht.

Zu Füßen der Kathedrale – **Les Douze Apôtres:** ■ **Karte 2, D 6,** 7, rue Mercière, Tram: Langstross/Grand'Rue, tgl. 11–1 Uhr. 120 (!) verschiedene, jährlich wechselnde Gerstengebräue werden in dieser Bierbar aus dem Zapfhahn (etwa ein Dutzend) oder der Flasche – der Rest – kredenzt. Kaffee gibt es nur bis mittags, Wein und Soft Drinks gar nicht. Die karg mit lehnelosen Holzbänken und Tischen eingerichtete Bar zählt etliche Fans zu ihren Stammkunden, die nur eins wollen: Bier.

Stil und Tradition – **Hannong Bar:** ■ **Karte 2, C 5/6,** 15, rue du 22 Novembre, im Hotel Hannong, Tram: Homme de Fer, Di–So 18–1 Uhr. In an die 1930er-Jahre gemahnenden tiefen Fauteuils, unter einem riesigen Glasdach schlürft man seinen Drink, nimmt an einer kleinen Weinprobe teil oder stärkt sich mit Käseteller und Schinken. Die gesamte Wand nimmt eine Querschnittzeichnung der Aubette mit sämtlichen heute nicht mehr erhaltenen Arp-Räumen ein. Der Grund: 1928 hatte Sophie Taeuber-Arp auch die Hannong-Bar abstrakt gestaltet, außer zwei Fotos und den Abmessungen des Raums ist hiervon nichts erhalten.

Drama, Baby, Drama – **Le Living Room:** ■ **E 6,** 11, rue des Balayeurs,

Draußen sitzen, wenn der Abend anbricht

Micro-Brasseries

Zwei kleine Brauereien halten die jahrhundertelange Brautradition in der Straßburger Innenstadt aufrecht:

Les Brasseurs: ■ **Karte 2, D/E 6,** 22a, rue des Veaux, Tram: Gallia, tgl. 11–1 Uhr, www.aubrasseur.fr. Bietet preiswerte Speisen wie Flammkuchen vom Holzbrett und das eigene obergärige Bier an. Um eine Riesenbar im Karree sind weinrote Kunstledersitze unter Hopfengirlanden angeordnet, am Eingang steht der Kupferbraukessel. Kostenlose Konzerte am Freitag- und Samstagabend im Keller.

La Lanterne: ■ **Karte 2, C/D 6,** 5, rue de la Lanterne, Tram: Gallia, Mo–Sa 12–1.30, Sa 17–1.30 Uhr. Hat ein uriges, schlichtes Holzinterieur mit blanken Tischen, an denen man kleine, preiswerte Speisen wie Bruschettas essen kann. Am Wochenende kann es in der beliebten Kneipe eng werden, und möglicherweise kommt man sich als Thirty-Something ziemlich alt vor.

Tram: Université, Mo–Fr 16–4, Sa 18–4 Uhr. Der plüschig-pompöse, ans ausgehende 19. Jh. erinnernde Stil dieser *barboîte* (Bar und Diskothek) wird von einer dunkelroten Farbpalette und viel dunklem Holz beherrscht. Ein kalkulierter Gegensatz zur aktuellsten Dancefloor-Musik und den trendig-feinen Clubbern, die ihre Auftritte zwischen lauschigen Sitzecken und Tanzfläche absolvieren.

Design, DJs – **La Passerelle:** ■ **Karte 2, D 6,** 38, quai des Bateliers, Tram: Gallia, Di, Mi 21–1.30, Do–Sa 22–4 Uhr. In der bonbonfarbenen Deko mit hohen Bartischen fühlt man sich in abgerissenen Jeans nicht so wohl. Nach hinten raus führt ein Wintergartenanbau zum Innenhof.

Kultig abgerissen – **Le Perestroika:** ■ **Karte 2, B 5,** 2, rue Thiergarten, Tram: Gare Centrale, tgl. 8–4 Uhr. Viele der Plakate und Bilder sind so abgerissen wie das Flair dieses kleinen Raums, der irgendwo zwischen 1970er-Studentenkneipe und einer Moskau-Bar aus stalinistischer Zeit liegt. Coole Musik abseits des Mainstreams, im Keller ein Tisch unter altem Gewölbe, im Angebot Wodka aus allen Ländern, mit Birken- oder Fruchtaroma. Die Stammgäste trinken vor allem eins: Kaffee.

Rock around the clock – **Le Rock City:** ■ **E 6,** 24, rue des Poules, Tram: Université, Mo–Mi 12–1.30, Do, Fr 12–4, Sa 16–4, So 16–1.30, Do, Fr zusätzlich »After« 4–7 Uhr. Billards, Darts, Konzerte, Themenabende, Bierpässe und extravagante Öffnungszeiten sind die Eckdaten dieses Klassikers des Straßburger Studentenlebens. Gitarren an den Wänden und Biermaße von 1–1,5 l sind etwas für echte Kerle.

Spanisch – **Tapas Café:** ■ **Karte 2, C 6,** 16, rue du Bain Finkwiller, Tel. 03 88 24 57 30, Tram: Langstross/Grand' Rue, Mo–Fr 9–1.30, Sa 17–1.30 Uhr. Kleine, preiswerte spanische Speisen wie Tortillas, Schinken, Chorizo-Wurst in mediterran getöntem Bodega-Ambiente mit Holzfässern etc. Es werden Salsa, Flamenco und andere Latino-Rhythmen gespielt. Nicht nur ein Restaurant, sondern auch eine beliebte Ausgehadresse.

Trödel-Kneipe – **Troc'afé:** ■ **Karte 2, C 5,** 8, rue du Faubourg de Saverne,

Das Varieté neben der Kuhweide – Music Hall Adam Meyer

Eine gute halbe Stunde nach Norden liegt in Kirrwiller das elsässische Moulin Rouge. In einer Dorfhalle fegt das **Kabarett-Spektakel** mit spärlich, aber glitzernd bekleideten Tänzerinnen über die Bühne. Busladungen auch älteren Semesters weiden sich an Strass und Federboas und nehmen dazu ein Dinner zu sich. Man darf das kurios-furiose Bühnengeschehen ernst oder als Kult nehmen – es ist nach Moulin Rouge und Lido Frankreichs meistbesuchtes Revue-Theater (Kirrwiller, 20, rue Hochfelden, Tel. 03 88 70 71 81, www.royal-palace.com, wahlweise mit Essen vorher oder nur die Show, Mi, Do, Sa, So 15.45, Fr, Sa 22.15 Uhr, vorher reservieren).

Tram: Ancienne Synagogue/Les Halles, Mo, Di 7.30–22, Mi–Sa 11–20 Uhr. Das lässige Kneipencafé bietet seinen Gästen, meist aus studentischen und Künstlerkreisen, Frühstück und kleine Speisen. Häufig werden Themenabende veranstaltet wie Karten- oder Schachspielabende und Konzerte. Der Clou: Die Einrichtungsgegenstände mit 1950er-Jahre-Akzenten kann man fast alle kaufen.

Großraumdisco – **Le Chalet – Planèt Fête:** ■ **außerhalb,** 376, route de la Wantzenau, www.strasbourg-by-night.com, Tram B: Pont Phario, dann Bus 72: La Wantzenau, Di–Sa 23–4 Uhr. Zwei Diskotheken, mehrere Bars, Restaurant, Karaoke, Lichtshow – ein durchorganisiertes Amüsierzentrum à la Las Vegas, in dem sich die Schönen und Reichen und alle diejenigen amüsieren, die durch die bullige Türkontrolle mit den ziemlich undurchsichtigen Auswahlkriterien kommen. Sehr beliebt sind die Themenabende. Das Ganze gehört Jean-Claude Helmer, dem Discokönig von Straßburg.

Die sieben Todsünden – **Le Seven:** ■ **Karte 2, D 6,** 25, rue des Tonneliers, http://lesevenstrasbourg.com, Tram: Langstross/Grand'Rue, Mi–Sa 22–7 Uhr. Mitten im heimeligen Viertel hinter der Place de Gutenberg führt ein rosaroter Tunnel abwärts in die Sünde. Der Club mit Hauptakzent auf R'n'B und Techno reizt ein überwiegend junges Publikum zum Abtanzen unter gemauerten Gewölben.

Hauptsächlich studentisch – **La Salamandre:** ■ **E 6,** 3, rue Paul-Janet, www.lasalamandrestrasbourg.com, Tram: Université, Do–Sa 23–7 Uhr (Öffnungszeiten variieren je nach Veranstaltung). Seit 1991 wird in diesem Urgestein des Straßburger Nachtlebens mit seiner bunten Einrichtung Musik gehört, getanzt und abgefeiert. Große musikalische Bandbreite von 1970er-Jahre bis House.

Konzerte und Oper

Musikalischer Melting-Pot – **La Laiterie:** ■ **A/B 7,** 15, rue du Hohwald, Tel. 03 88 23 72 37, www.artefact.org, Tram: Laiterie. Das Veranstaltungszentrum der Region für U-Musik aller Richtungen, auch experimenteller Art: Rock, Pop, Jazz, Punk, Funk, Ethno, Indie, Wave etc. Eine gemütliche Bar und mehr als maßvolle Eintrittspreise machen die »Molkerei« zum langjährigen Dauerbrenner der Straßburger Musikszene.

Unter der Internetadresse findet man auch eine Rubrik zu regionalen Gruppen, eine gute Einführung in die lokale Musikszene.

Eins der vier großen Opernhäuser Frankreichs – **Opéra National du Rhin:** ■ **Karte 2, D 5,** 19, pl. de Broglie, Tel. 0825 84 14 84, www.opera nationaldurhin.eu, Tram: Broglie, Abendkasse ab 45 Min. vor Start. Die Oper im Elsass ist ein dezentralisiertes Gemeinschaftsunternehmen dreier Städte: Straßburg hat die Oper, Mulhouse das Ballett und Colmar die Operette. Das Haus widmet sich der französischen Klangkunst, aber auch internationalen Klassikern und bringt viele Koproduktionen mit anderen Häusern auf die Bühne. Die Aufführungen finden im klassizistischen Théâtre Municipal an der Place de Broglie oder im Palais de la Musique et des Congrès statt. Für Studenten und im Last-Minute-Verkauf an der Abendkasse gibt es Ermäßigungen.

Modernes Veranstaltungszentrum – **Palais de la Musique et des Congrès:** ■ **E 3,** pl. de Bordeaux, Tel. 03 88 37 67 67, Tram: Wacken. Wegen seiner großen Zuschauerkapazitäten finden hier Kongresse und Konzerte statt.

Hier ist auch die Heimat des renommierten Orchestre Philharmonique de Strasbourg, www.philharmonique-strasbourg.com.

Mega-Arena – **Le Zenith Europe:** ■ **außerhalb A 6,** rue Baden-Powell, Eckbolsheim, Tel. 03 88 10 50 50, www.zenith-strasbourg.fr. Anfang des Jahres 2008 eröffnete Straßburgs Le Zenith, das 10 000 Besuchern einen Platz und so unterschiedlichen Künstlern wie Marc Knopfler, amerikanischen Catchern und Hansi Hinterseer eine Bühne bietet. Das orangefarbene Ufo des Architekten Massimiliano Fuksas erhebt sich an der A 351 in Eckbolsheim, ein bislang wenig heimeliges Terrain neben dem Hochhausghetto Hautpierre.

Schwul und lesbisch

Organisation lesbischer Frauen – **Association La Lune:** ■ **außerhalb A 6,** 1a, pl. des Orphelins, www.lalune67.fr, Tram: Porte de l'Hôpital. Jeden ersten Donnerstag im Monat findet von 19–20 Uhr ein Treffen zum Gedankenaustausch und Kennenlernen in der Station, 7, rue des Ecrivains, statt. Etwa alle sechs Wochen ein Themenabend.

Kino

Mehrere Lichtspielhäuser befinden sich in der Rue du 22 Novembre und der Rue des Francs Bourgeois, z. B. die Adresse für Cineasten – **L'Odyssée:** ■ **Karte 2, C 6,** 3, rue des Francs Bourgeois, Tel. 03 88 75 10 47, www.cinemaodyssee. com, Tram: Homme de Fer. Das neobarocke Programmkino von 1913 mit Balkonen, Schmuckleisten und gemütlicher Café-Bar steht unter Denkmalschutz; in zwei Sälen werden Autoren-, europäische Filme und Themenzyklen gezeigt, Mitternachtsvorstellungen und Matineen.

Das Kontrastprogramm bietet das supermoderne Multiplex-Kino **UGC Cine Cité Strasbourg:** ■ **E/F 7,** 25, route du Rhin, Tel. 01 46 37 28 24, www.ugc.fr, Tram: Winston Churchill. 22 Säle für Filme vom Blockbuster bis zum Autorenfilm.

Ausgehen

Schwulenfreundliche Bar – **Golden Gate Bar:** ■ **Karte 2, C 6,** 63, rue du Fossé des Tanneurs, Tram: Homme de Fer, Di–So Sommer 13–1.30, Winter 18–1.30 Uhr. In der langen, schmalen, bunt modernistischen Bar werden jeden Do und Fr Themenabende mit DJ veranstaltet. Musiktendenz: House, Trance, Elektro. Im Sommer ist die Terrasse geöffnet.

Beliebt bei Schwulen und Heteros – **Au Petit Tonnelier:** ■ **Karte 2, D 6,** 16, rue des Tonneliers, Tel. 03 88 32 53 54, www.aupetittonnelier.com, Tram: Langstross/Grand'Rue, Mo–Sa 12–14, 19–22 Uhr, Menü 35 €. Kleines Restaurant – weiße Wände, Kristall-Lüster und Spiegel sind eine Hommage an den zeitgenössischen In-Style der Metropolen. Serviert wird eine den Jahreszeiten angepasste leichte, moderne Küche – Konzerte geben zusätzlich Flair.

Theater

Alle Aufführungen außer in der Choucrouterie sind auf Französisch.

Elsässisches Kabarett – **La Choucrouterie:** ■ **Karte 2, C 6,** 20, rue St-Louis, Tel. 03 88 36 07 28, www.theatredelachouc.com, Tram: Porte de l'Hôpital. Das Kabarett des elsässischen Barden Roger Siffer (»Die Gedanken sind frei«) in einer ehemaligen Sauerkrautfabrik in der Krutenau liegt über den Hof seiner empfehlenswerten gleichnamigen Winstub (s. S. 98). In Französisch und Elsässer Mundart, hin und wieder sogar in Deutsch, wird teils klabautrige, teils ätzend satirische Kleinkunst dargeboten, bei der alle, vor allem aber die Obrigkeit und die Konservativen, ihr Fett abkriegen. Die familiäre Enge macht einen Teil des Charmes dieses Flaggschiffs der Regionalkultur abseits von Trachtengruppen und Storchenromantik aus. In La Chouc' ist der Geist der 68er und der Wyler Anti-Atomkraftler sehr lebendig.

Comedy – **Le Kafteur:** ■ **B 5,** 3, rue Thiergarten, Tel. 03 88 22 22 03, www.lekafteur.com, Tram: Gare Centrale. Das kleine Privattheater mit Aufführungen meist komischer Natur zeigt auch Stücke für Kinder – eine Institution.

Kinder- und Jugendtheater – **Théâtre du Jeune Public:** ■ **E 6 und Karte 2, C 6,** Balayeurs (Großer Saal), 1, rue Pont St-Martin (Kleiner Saal), Tel. 03 88 35 70 10, www.tjp-strasbourg.com, Tram: Université und Langstross/Grand'Rue. Dieses Kinder- und Jugendtheater zeigt eigene Kreationen und Stücke auswärtiger Ensembles. Die Aufführungen sind zwar in Französisch, doch beinhalten sie naturgemäß mehr »sprachlose Kommunikation« als Theater für Erwachsene und können sich so auch für kleine Zuschauer lohnen, die nicht perfekt Französisch sprechen.

Einziges Nationaltheater der Region – **Théâtre National de Strasbourg/TNS:** ■ **Karte 2, D 5,** 1, av. de la Marseillaise, Tel. 03 88 24 88 24, www.tns.fr, Tram: République. 1968 von André Malraux gegründet, residiert Straßburgs kulturelles Flaggschiff standesgemäß im ehemaligen preußischen Landtag. Schwerpunkt ist das zeitgenössische Theater, es werden aber auch französische und internationale Klassiker aufgeführt. Direktorin ist seit 2008 Julie Brochen. Sehr renommiert ist auch die Schauspielschule des TNS. Da man viel Wert auf die Öffentlichkeitsarbeit legt, werden Begegnungen mit Regisseuren und Schauspielern organisiert.

Wie ein orangefarbenes Ufo: Le Zenith

Unterwegs in der Stadt

Auto	voiture
Autobahn	autoroute
Autovermietung	location de voitures
Ampel	feu
Bahnhof	gare
Bus	autobus
bleifrei	sans plomb
Diesel	gas-oil
Fahrkarte	billet
Fahrplan	horaire
Fahrrad	vélo
Flughafen	aéroport
geradeaus	tout droit
Gleis	voie, quai
Haltestelle	arrêt
Kirche	église
Kreuzung	carrefour
links	à gauche
Motorrad	moto
Museum	musée
Normalbenzin	ordinaire
Parkplatz	parking
rechts	à droite
Schiff	bateau
Straße	rue
Straßenbahn	tram
Studentenausweis	carte d'étudiant
Supermarkt	hypermarché
Touristen-information	office de tourisme

Im Hotel

Aschenbecher	cendrier
Aufzug	ascenseur
Bad	salle de bains
Bettwäsche	draps
Café	salon de thé
Doppelzimmer	chambre à deux lits
Dusche	douche
Einzelzimmer	chambre à un lit
Frühstück	petit déjeuner
Frühstücksraum	salle de petit déjeuner
Gepäck	bagages
Hotel	hôtel
Jugendherberge	auberge de jeunesse
Safe	coffre-fort
Schlafsaal	dortoir
Schlafsack	sac de couchage
Schlüssel	clé
Schwimmbad	piscine
Toilette	toilettes
Waschbecken	lavabo
Zimmer	chambre
nach hinten hinaus	sur l'arrière
zur Straße hin	sur la rue

Im Restaurant

Abendessen	dîner
Diät	régime
essen	manger
Flasche	bouteille
Frühstück	petit déjeuner
Gabel	fourchette
Getränk	boisson
mit Kohlensäure	gazeux
Glas	verre
Hauptgericht	plat principal
Löffel	cuillère
Mahlzeit	repas
Messer	couteau
Mittagessen	déjeuner
Nachspeise	dessert
Rechnung	addition
reservieren	réserver
Speisekarte	carte, menu
Tagesgericht	plat du jour
Teelöffel	petite cuillère
Teller	assiette
Tisch	table
trinken	boire
vegetarisch	végétarien
Vorspeise	hors d'œuvre

Wasser	de l'eau	Unfall	accident
Weinkarte	carte des vins	Verbandszeug	trousse de secours
zahlen	payer	Versicherung	assurance

Zeit

		Zahlen	
Sonntag	dimanche	1	un
Montag	lundi	2	deux
Dienstag	mardi	3	trois
Mittwoch	mercredi	4	quatre
Donnerstag	jeudi	5	cinq
Freitag	vendredi	6	six
Samstag	samedi	7	sept
Feiertag	jour férié	8	huit
heute	aujourd'hui	9	neuf
gestern	hier	10	dix
morgen	demain	11	onze
morgens	le matin	12	douze
mittags	à midi	13	treize
nachmittags	l'après-midi	14	quatorze
abends	le soir	15	quinze
nachts	la nuit	16	sexton
		17	dix-sept
Gesundheit/Notfälle		18	dix-huit
Antibiotikum	antibiotique	19	dix-neuf
Apotheke	pharmacie	20	vingt
Arzt	médecin	30	trente
Fieber	fièvre	40	quarante
Krankenhaus	hôpital	50	cinquante
Krankenwagen	ambulance	60	soixante
Notfall	urgence	70	soixante-dix
Pannendienst	service de	80	quatre-vingt
	dépannage	90	quatre-vingt-dix
Polizei	police	100	cent
Rezept	ordonnance	1000	mille

Die wichtigsten Sätze

Wie viel kostet das?   Ça coûte combien?
Ich brauche …   J'ai besoin de …
Wann öffnet/schließt …?   Quand ouvre/ferme …?
Haben Sie ein freies Zimmer?   Avez-vous une chambre de libre?
Wir sind ausgebucht.   Nous sommes complet.
Ich hätte gerne ein Baguette.   Une baguette, s'il vous plaît.
Hat es geschmeckt?   C'etait bon?
Ich möchte Geld wechseln   Je voudrais changer de l'argent
Können Sie mir helfen?   Pourriez-vous m'aider?

Kulinarisches Lexikon

Regionale Küche

Baeckeoffe	Fleischeintopf mit Weißwein, Kartoffeln, Möhren, Zwiebeln, Lorbeer, Pfeffer und Knoblauch (s. S. 44, 92)
Bibeleskäs mit G'schwellti	Quark mit Pell-Kartoffeln, dazu rohe Zwiebeln und Knoblauch
Birewecka	Früchtebrot
boudin	Blutwurst
choucroute	Sauerkraut mit verschiedenem Schweinefleisch
coq au Riesling	Hühnchen in Riesling gekocht
Fleischkiechle	Hackfleischklopse
Fleischschnacka	»Schnecke« aus Nudelteig und Gehacktem
foie gras d'oie	Gänsestopfleber
foie gras de canard	Entenstopfleber
Knepflas	Klöße
Lawerknepfle	Knödel aus Rinder- u. Schweineleber
Munster	Rohmilch-Weichkäse, gern mit Kümmel (Munster au cumin),
Presskopf	Schweinskopfsülze
Roigabrageldi	roh gebratene Kartoffel mit Zwiebeln
Süri Nierli	Saure Nieren
Schiffala	Schweineschulter
Tarte flambée	Flammkuchen

Französische Küche

à la jardinière	mit Gemüse
à l'ail	mit Knoblauch (-Soße)
asperges	Spargel
assiette de charcuterie	Wurstplatte
assiette de crudités	gemischter Salat
betteraves	Rote Beete
bœuf	Rindfleisch
caille	Wachtel
canard (confit)	(eingekochte) Ente
carré d'agneau	Lammbraten
cerf	Hirsch
cèpes	Steinpilze
chèvre chaud	warmer Ziegenkäse
chevreuil	Reh
côte de porc	Schweinekotelett
courgettes	Zucchini
daube	Schmorbraten
dinde	Pute
entrecôte	Zwischenrippenstück, meist als Steak gebraten
épinard	Spinat
escalope	Schnitzel
fermier, fermière	vom Bauernhof,
foie	Leber
gésiers de volaille	Geflügelmägen
gigot d'agnot	Lammkeule
jambon	Schinken
magret de canard	Entenbrust
morilles	Morcheln
papillote de veau	Kalbsrouladen
pignons de pins	Pinienkerne
pommes de terre	Kartoffeln
porc rôti salé	Kassler
potée	Gemüseeintopf mit Kassler
poulet	Hühnchen
Quiche lorraine	Specktorte
ris de veau	Kalbsbries
selle d'agneau	Lammrücken
steak frites	Steak mit Pommes
steak hachée	Frikadelle, Bulette
tarte à l'oignon	Zwiebelkuchen

terrine de foie gras	Pastete mit Gänseleber
tripes	Kutteln
veau	Kalb

Fisch und Meeresfrüchte

anguille	Aal
brochet	Hecht
cabillaud	Kabeljau
calmar frit	gebratener Tintenfisch
carpe	Karpfen
coquilles St-Jacques	Jakobsmuscheln
daurade	Goldbrasse
écrevisse	Flusskrebs
hareng	Hering
homard	Hummer
huîtres	Austern
moules	Miesmuscheln
rouget	Rotbarbe
sandre	Zander
sole	Seezunge
truite	Forelle
turbot	Steinbutt

Getränke

Amer bière	Bier mit bittersüßem Zusatz
(bière) blonde	helles Bier
(bière) brune	dunkles Bier
(bière) pression	gezapftes Bier
café	Espresso
café au lait	Kaffee mit Milch
Crémant	elsässischer Sekt
demi panaché	Alsterwasser
Diabolo menthe	Pfefferminzsirup mit Mineralwasser
Eau-de-vie	Obstbrand
eau plate	Leitungswasser
eau (non) gazeuse	Mineralwasser (ohne) mit Kohlensäure
grand cru	exzellente Weine aus festgelegten Lagen
infusion	Kräutertee
jus	Saft

panaché	Cola mit Limo
Pinot Noir	Spätburgunder
Quetsch	Zwetschgenobstbrand
thé	Tee
Tokay Pinot Gris	Grauburgunder
vin en pichet	offener Wein

Frühstück

beurre	Butter
charcuterie	Wurstaufschnitt
confiture	Marmelade
fromage	Käse
lait	Milch
miel	Honig
œuf	Ei
pain	(Weiß-)Brot
sucre	Zucker
sel	Salz

Süßspeisen

bredele	Weihnachtsplätzchen mit Anis und Zimt
bretzel	Brezel, süß oder salzig
brioche	Brot aus fettem, süßem Hefeteig
Kougelhopf	das elsässische Nationalgebäck: Hefenapfkuchen mit Rosinen und Mandeln
pâté de pommes	gedeckter Apfelkuchen
tarte aux framboises	Mürbteigkuchen mit Himbeeren

Obst

cérise	Kirsche
fraise	Erdbeere
framboise	Himbeere
pêche	Pfirsich
poire	Birne
pomme	Apfel
prune	Pflaume
raisin	Traube

Register

Register

**Unterwegs mit
Susanne Tschirner**

Susanne Tschirner lebt als Reiseautorin und Verfasserin historischer Kriminalromane bei Bonn. Sie studierte Germanistik, Geschichte und Kunstgeschichte und arbeitete als Lektorin in einem Verlag. Seit es sie vor 25 Jahren eher per Zufall nach Straßburg verschlug, gehört die Stadt zu ihren Lieblingsdestinationen. Wenn sie sich in Straßburg nicht gerade den klassischen Aufgaben einer Reiseführerautorin widmet, geht sie essen und Schuhe kaufen, zwei Passionen, denen man in der Stadt ausgiebig frönen kann.

Abbildungsnachweis

DuMont Bildarchiv, Ostfildern: Umschlagklappe vorn, S. 15, 29, 32, 34, 39, 51, 63, 69, 78, 85, 92, 95 (Kirchner)

Bildagentur Huber, Garmisch-Partenkirchen: Titelbild (Lubenow)

iStockphoto.com: S. 26/27 (Oster); 82 (Volfoni)

laif, Köln: S. 40 (Bertrand/hemis.fr); 52 (Heeb); 4/5, 76/77 (Luider); 6, 48, 66, 106 (Mattes/hemis.fr); 46, 55, 58, 61, 72, 74 o., 80/81 (Rieger/hemis. fr); 74/75 (Rigoulet); 33 (Siemers)

Look, München: S. 98 (age fotostock)

Mauritius, Mittenwald: Umschlagrückseite, S. 43, 104 (age); 96 (Alamy); 9 (allOver); 88, 91 (Kord); 30, 86 (Lubenow); 100 (Mattes)

Ralf Pätzold, Berlin: S. 37

Waldemar Pelich, Gengenbach: S. 36

Stadt Straßburg: S. 111 (Dorkel)

S. Tschirner, Niederkassel-Rheidt: S. 120

Kartografie

DuMont Reisekartografie, Fürstenfeldbruck
© DuMont Reiseverlag, Ostfildern

Umschlagfotos

Titelbild: Westportal des Straßburger Münsters
Umschlagklappe vorn: Weinstube Au Vieux Strasbourg in der Rue du Maroquin

Hinweis: Autorin und Verlag haben alle Informationen mit größtmöglicher Sorgfalt geprüft. Gleichwohl sind Fehler nicht vollständig auszuschließen. Alle Angaben erfolgen ohne Gewähr. Bitte schreiben Sie uns! Über Ihre Rückmeldung zum Buch und Verbesserungsvorschläge freuen sich Autorin und Verlag:
DuMont Reiseverlag, Postfach 3151, 73751 Ostfildern,
info@dumontreise.de, www.dumontreise.de

3., aktualisierte Auflage 2015
© DuMont Reiseverlag, Ostfildern
Alle Rechte vorbehalten
Redaktion/Lektorat: H.-J. Schneider, Sabine Zitzmann-Starz
Grafisches Konzept: Groschwitz/Blachnierek, Hamburg
Printed in China

FSC
www.fsc.org
100%
From well-managed forests
FSC® C021256

Register

Das Klima im Blick   atmosfair